VALORES
ORGANIZACIONALES

Una Perspectiva de Experiencias Laborales

RAFAEL CORTÉS ACOSTA

Valores Organizacionales
Una Perspectiva de Experiencias Laborales

Por Rafael Cortés Acosta

Página web y correo electrónico
https://linktr.ee/rafaelcortesmx
rafaelcortesmx@gmail.com
trainergy.mx@gmail.com

Primera Edición
León, Guanajuato, México
Mayo 2023

Edición: Martha Pineda
http://marthapineda.com

Portada: Jaime Pérez

Dedicatoria

A ti madre,

que te emocionaste con una lágrima

por el inicio de este proyecto

y te fuiste antes de verlo concluido.

A mis dos amores,

mis amadas Hermosillas,

que comparten día a día

el camino de mi vida.

Agradecimientos y Reconocimientos

Compartir un agradecimiento es un acto que requiere mucha humildad y respeto para todas aquellas personas, organizaciones e instituciones que han participado o apoyado directa e indirectamente este proyecto tan importante y que han aportado sus comentarios, observaciones y puntos de vista fortaleciendo el objetivo de este libro.

A continuación, deseo expresar mi completa gratitud a ese grupo de personas que han sido parte fundamental en el desarrollo de este proyecto. El orden de aparición no es significativo, sus aportaciones sí que lo han sido, por eso quiero reconocer todo su esfuerzo, su valioso tiempo personal, los minutos de lectura y relectura, imparcialidad, comprensión, dedicación y principalmente su impulso y ánimo durante este proceso.

Mariana Ruiz, ha sido un placer coincidir inicialmente en un proyecto laboral y contar ahora con tu invaluable apoyo en esta iniciativa personal. Mi reconocimiento a Jaime Pérez, por la contribución de sus comentarios e ideas creativas para el diseño de las portadas, todas las versiones estuvieron geniales. Mi reiterado agradecimiento para Gerardo Fournier, Gabriel Pineda, Rocío Ramírez, Fernando Reyes y Martín Ochoa por el tiempo, paciencia, esfuerzo y retroalimentación que me brindaron con sus lecturas, comentarios y observaciones acertadas para incluirlas en esta versión final.

De forma especial, mi gratitud y admiración a Martha Pineda, por fomentar el inicio de este proyecto al creer en el contexto de mi visión e impulsarlo a partir de sus ideas, experiencias y motivación para concluir este primer libro.

Mi agradecimiento a las empresas donde he laborado, a aquellas con las que he colaborado y asesorado; a los dueños de empresa, directivos y algunos jefes de los que tuve oportunidad de aprender de sus buenos o malos ejemplos, a tantas personas y colaboradores a quienes he tenido la valiosa oportunidad de capacitar, porque con todos en conjunto, a partir de las experiencias positivas o negativas, han formado este compendio de vida que comparto en este libro. Gracias porque al final, forman parte de esa historia.

A mis padres y mis hermanas, mi seno familiar, por su derecho de crítica obligada que forma parte vital del convencimiento y seguridad de que estoy en el camino correcto, haciendo todo aquello que, para mi desarrollo personal y profesional, es trascendental.

Mis amadas hermosillas, Elva y Vane, su apoyo, entendimiento, sacrificios, tolerancia y todo el amor de ustedes va implícito en este primer libro, es un esfuerzo conjunto para un objetivo mayor, somos un gran equipo, este libro también es suyo. ¡Las amo!

Finalmente, y no menos importante, mi agradecimiento a Dios, a la vida y al universo por darme la oportunidad de cristalizar este proyecto y compartir a través de él mis experiencias, enseñanzas y aprendizajes.

Prólogo

"Los valores representan los pilares fundamentales de la cultura de cada organización".
Rafael Cortés Acosta

La idea de escribir un libro relacionado con temas empresariales comenzó alrededor de hace ocho años a partir de que empecé a recopilar experiencias, pensamientos, ideas y anécdotas que han estado relacionadas en gran medida con varias de las empresas con las que he trabajado, los puestos y funciones que he desempeñado, proyectos en los que he participado, los jefes (buenos y malos) que he tenido y principalmente las vivencias laborales que he experimentado a lo largo de casi tres décadas de desarrollo profesional.

Inicialmente el concepto era un compendio de notas y reflexiones muy personales sobre estas experiencias, redactando de una manera algo informal algunos párrafos y sin tener un orden preciso ni una línea hacia dónde dirigir el texto. Fui guardando estas ideas en un cuaderno y con el paso de los años tuve más y más notas, incorporé algunos aspectos muy básicos para desarrollarlos con una perspectiva más profesional pero no pasaban de ser una compilación privada.

Para marzo del 2017 se me presentó la oportunidad de publicar mi primer artículo en la revista CalzaVance que edita la Cámara de la Industria del Calzado del Estado de Guanajuato y de ahí partieron otros tres artículos en la misma revista y uno más para la revista digital Mi

Patente. En agosto de 2017 publiqué mi primer artículo en mi perfil de LinkedIn y desde entonces he buscado publicar con mayor frecuencia y con diversidad de temas que resulten de interés para el ámbito laboral.

En agosto del 2022, haciendo una revisión del material que tenía ya disponible, retomé la idea de publicar mi primer libro y me di a la tarea de recopilar todas estas experiencias, pensamientos, ideas y anécdotas para empezar a seleccionar las mejores de ellas, las que han tenido más impacto en mi desempeño profesional y desarrollarlas bajo una nueva perspectiva de visión laboral y de negocio; transmitir a partir de estos textos los proyectos que he tenido la oportunidad de llevar a cabo, compartiendo lo bueno y lo malo, los obstáculos presentados y superados, el análisis de situaciones que me sucedieron pero sobre todo, los aprendizajes obtenidos a partir de las diversas circunstancias que se me presentaron desde mi trayectoria en la universidad, pasando por diversos proyectos y experiencias laborales en diferentes empresas, hasta la conceptualización de una estrategia propia para la implementación de diferentes acciones que han llevado beneficios a los colaboradores de varias organizaciones con las que he trabajado, ya sea directamente como empleado o a través de la asesoría, consultoría y capacitación empresarial con el establecimiento de mi propia marca: **Trainergy**.

No todas las historias son de éxito, en el trayecto se presentan muchos desafíos, retos y hasta amenazas, algunos son superados sin mayores inconvenientes o contratiempos, pero hay otros que fueron fracasos y que dependía de una actitud positiva, resiliencia y mentalidad personal para enfrentarlos y superarlos; ese tipo de eventualidades son las que me han dejado mayor aprendizaje y justamente es lo que deseo compartir al lector en este libro. Es posible que en las diferentes organizaciones se presenten situaciones similares y compartir esta experiencia previa, conociendo el resultado final de cada acontecimiento, puede resultar de ayuda para evadir o minimizar los daños laborales de una actividad o proyecto, dando la importancia que se merece al mayor recurso que puede tener cualquier organización sin importar su tamaño, giro, sector o nivel de ingresos: **el capital humano**.

Con esta nueva visión para estructurar cada capítulo y al estudiar de nuevo los temas seleccionados, identifiqué un elemento sumamente importante que juega un papel que también es definitivo para la ejecución de proyectos y actividades en toda organización, los **valores**.

De acuerdo con Douglas da Silva, Web Content & SEO Associate LATAM de Zendesk, (Blog, 2020), los valores de una empresa son los principios éticos y profesionales que evidencian su identidad, se definen como la personalidad de la compañía y guían las decisiones y conductas. En ellos se basa su filosofía, identidad y cultura.

Para identificar **valores organizacionales** primero debemos identificar los valores personales que son convicciones o normas que están fundamentadas a partir de una educación o convivencia familiar y que nos establecen una forma de pensar y actuar ante los demás. Bajo esta perspectiva, estos valores personales son los que también llevamos y desplegamos con nuestras acciones en las empresas donde laboramos, y es por eso que en algunos casos nos encontramos en organizaciones donde no nos sentimos cómodos dentro de su cultura, debido a que nuestros valores personales y los valores de la empresa no están alineados, son diferentes, se manifiestan de otra manera o simplemente los valores no se viven, pueden estar enlistados y publicados en todos los departamentos, pero corren el riesgo de convertirse en letra muerta.

Como ejemplo de lo anterior, en un curso que impartí sobre valores organizacionales, después de la introducción general del tema realicé un ejercicio con todos los participantes para que identificaran ellos mismos sus valores de empresa, se hicieron grupos de trabajo y comenzaron a lanzar ideas de los valores que supuestamente conocían, al concluir el tiempo acordado para terminar el ejercicio el resultado fue una lista de muchos valores, la mayoría distintos entre sí para cada grupo. Al hacer el cierre del ejercicio hice la observación a todos los participantes de que sus valores organizacionales se encontraban publicados en un cuadro de la entrada a la sala de capacitación, ninguno de ellos como empleados de la compañía los habían visto y mucho menos los habían leído. Conocer los valores de la empresa, convivir con ellos y actuar alineados a ellos representa parte de la misma cultura organizacional.

Shiva Rajgopal, profesor de contabilidad en la Escuela de Negocios de la Universidad de Columbia, indica que la cultura organizacional es una caja negra. Mi punto de vista es que no se sabe cómo se vive esa cultura hasta que uno tiene la oportunidad de ser parte de ella, ya sea de forma directa o indirecta; en mi opinión, desde la forma de recibir a un visitante en una empresa se aprecia la cultura organizacional.

Un estudio de la Escuela de Negocios Fuqua de la Universidad Duke que encuestó a más de 1,400 directores ejecutivos y financieros de América del Norte, dio como resultado que más del 50% de ellos dijeron que la cultura corporativa influye en la productividad, la creatividad, la rentabilidad, el valor de la empresa y las tasas de crecimiento.

Con base en lo anterior, la **cultura organizacional** tiene un alto impacto en el desarrollo del negocio y está fuertemente ligada a la identificación y establecimiento de los valores organizacionales que cada empresa promueve entre sus colaboradores, en resumen, los valores representan los pilares fundamentales de la cultura de cada organización.

Habiendo establecido el marco general sobre la cultura y los valores organizacionales, determiné el compromiso de identificar aquellos valores que han sido parte esencial de los diferentes escenarios que expongo a lo largo de este libro y expresarlos como un actor principal en la conclusión de cada capítulo; el lector podrá consultarlos de forma individual, no hay una relación directa entre ellos y tampoco son consecutivos, por lo que la lectura puede realizarse de forma aleatoria o de acuerdo a los intereses personales según el tema de los diferentes capítulos; también pueden exponerse en una sesión de trabajo para fomentar la importancia de los valores entre colegas, proveedores, clientes, autoridades e incluso con los equipos gerenciales y directivos de cualquier organización, contribuyendo a determinar el lugar de la empresa en el universo moral (Coyle, 2018).

Las experiencias compartidas en cada capítulo me han dejado aprendizajes importantes a lo largo de mi trayectoria laboral y profesional que al final se convierten también en enseñanzas de vida, pero la identificación, la convivencia y principalmente la aceptación de cada valor complementa el impacto que representó de forma personal este recorrido; mientras escribía o reescribía cada capítulo me transportaba de nuevo a ese preciso instante y recordaba varios detalles y acciones que en ese momento llevé a cabo y que seguramente en la actualidad, bajo situaciones semejantes, mis decisiones y caminos apuntarán a otro rumbo a partir de estas vivencias.

Deseo que este ejemplar le sirva al lector como un prontuario laboral al cual recurrir cada vez que se requiera para ampliar su visión ante las múltiples circunstancias o condiciones que se pudieran presentar en su círculo laboral. Además, esta puede ser una lectura complementaria con datos duros e interesantes relacionados a los diferentes temas expuestos, los cuales, espero sirvan para enfatizar la relevancia de los **valores organizacionales**.

Rafael Cortés Acosta
Febrero 2023

Índice

CAPÍTULO 1:

Origen, Vocación y Destino

"La vida te pone retos,
tu actitud los enfrenta y los resuelve".
Rafael Cortés Acosta

Soy orgullosamente mexicano, nací en el Distrito Federal, ahora Ciudad de México, una noche de viernes del mes de octubre a principios de los años 70's en la Central Quirúrgica de la famosa Colonia Roma.

Soy el hijo primogénito de la familia y tengo dos hermanas menores, radicamos muchos años en la Ciudad de México y eventualmente, nos mudamos a León, Guanajuato, esto debido a un cambio en las responsabilidades laborales de mi papá.

Mis padres y abuelos han sido las columnas fundamentales en mi desarrollo personal, me han dejado valiosas enseñanzas y herencias que se han convertido en el eje del funcionamiento de mi vida y de mis relaciones interpersonales.

Particularmente, de mi papá heredé la ética laboral, siempre lo vi comprometido con su trabajo y he admirado su desempeño e integridad personal hasta el día de hoy, en el aspecto familiar no pude tener mejor ejemplo, tuve la fortuna de tener todo lo que estuvo a su alcance para darme una educación y una orientación siempre que lo necesité; los valores de la dedicación y del trabajo son fortalezas que al igual que él hizo conmigo, deseo transmitir a las personas que me rodean.

De mi mamá heredé el sentido de responsabilidad del hogar y el valor de la familia, siempre estuvo al tanto de sus hijos, nos llevaba a nuestros compromisos y actividades escolares, también nos ayudaba con todas nuestras tareas al grado que decía que al menos la primaria y la secundaria las había cursado cuatro veces. Gracias a ella tuve todas las herramientas personales para hacer frente a mi etapa de vida cuando viví yo solo en la Ciudad de México durante seis años.

De mi abuelo materno heredé el gusto por el arte, la música y sobre todo por escribir. En su momento, él publicó dos libros en pequeño formato, "*Dos Hombrecitos*" en 1964 y "*Vacaciones en el Puerto*" en 1966, los cuales planeo reeditar en un futuro cercano para mantener vivo su legado.

De niño fui buen estudiante y cumplía con mis obligaciones escolares. Quería ser químico, me atraía mucho jugar con los matraces y substancias, tenía un microscopio y el equipo de química de "*Juguetes Mi Alegría*" y a veces recortaba dibujos o fotografías de revistas relacionados con el tema. Sin embargo, deseché esa opción cuando tuve mis primeras materias de Química en la secundaria, ya que me parecía que requerían demasiado estudio y que eran difíciles.

Mis primeros retos

Estudié la primaria, secundaria y preparatoria en el Colegio del Tepeyac, en donde hice buenos amigos y tuve la oportunidad de vivir maravillosas experiencias. Aparte de la escuela, realicé una serie de actividades extraescolares; entrené y jugué fútbol americano desde los 8 años durante los periodos de temporada, pero debido a que era muy delgado batallaba para subir de peso y estar en la categoría que me correspondía. Aun así, logré participar en todas las categorías infantiles, juvenil, intermedia, e incluso una temporada en categoría mayor hasta los 21 años. Jugar este deporte me formó un carácter ganador y me ayudó a desarrollar habilidades de trabajo en equipo y liderazgo, así como habilidades físicas y a forjar una disciplina personal, todo lo anterior y el gusto por el ejercicio me llevaron también en la preparatoria a ser capitán del equipo "B" de voleibol varonil, mis compañeros del equipo "A" eran muy buenos, pero estar al frente del segundo equipo fue una muy grata experiencia.

También tuve la oportunidad de participar en la Trova del Tepeyac tocando la guitarra, aprendí a tocarla en ese periodo viendo a mis amigos cuando nos íbamos a dar serenatas y con cancioneros que me compraba.

En 1990 esos mismos buenos amigos me invitaron a participar con ellos en la Trova de la Ciudad de México donde estuve durante siete años, ahí aprendí a tocar el cuatro venezolano y realicé la locución de versos que se decían previo al inicio de las canciones.

En 1995 ayudé a coordinar la grabación del primer disco compacto del grupo titulado "*Tan Sólo Cinco Letras*", así como nuestra presentación en el Teatro Isabela Corona del IMSS, donde tuvimos un lleno total.

Continuando con esta faceta cultural, en la universidad llegué a tomar clases de guitarra, piano y hasta de batería, además de que continué desarrollando mi gusto por escribir canciones y poesía.

En octubre del 2001 representé a la Ibero León en un festival de la canción en la Universidad Rafael Landívar en Guatemala ocupando un decoroso cuarto lugar con una de mis canciones y en el 2011 grabé un disco titulado "*Qué Te Puedo Decir*" con una selección de mis poesías.

En retrospectiva veo que no sólo era una manera de canalizar mis energías y hacer lo que me gustaba, sino que eso también implicó un gran esfuerzo por parte de mis padres, además de contar siempre con su invaluable, desinteresado y permanente apoyo e impulso, lo que les agradezco profundamente.

Toda esta etapa marcó mi vida de una manera positiva, compartí extraordinarias e imborrables experiencias que determinaron mi época juvenil y a partir de esas vivencias se fue construyendo el camino que me llevó a tomar nuevas decisiones y retos en mi vida.

Vocación y Destino

Debido a que mi papá trabajaba en el departamento de sistemas del Banco del Atlántico, naturalmente me llamó la atención esa área. Mi papá me llevaba a veces a su trabajo y llegué a conocer un par de centros de cómputo; también recuerdo que de muy pequeño jugaba entre los archiveros de cintas magnéticas con su secretaria. Ya más grande conocí otro de los centros de cómputo del banco en el edificio conocido como "El Parián", en Coyoacán, México. Sin duda alguna, esa experiencia donde conocí de cerca el trabajo de mi papá me marcó de forma significativa.

En 1991 se le presentó a mi papá la oportunidad de dirigir la subdirección de sistemas de la regional Bajío en el Banco del Atlántico en León, Guanajuato; en 1993 mi mamá y mis hermanas se fueron a radicar a esta ciudad, yo me quedé en la Ciudad de México porque ya había iniciado la universidad y tenía algunos proyectos personales que deseaba concluir. Me quedé solo en casa y de un día a otro tuve que hacerme cargo de los gastos de toda la casa, así como de las responsabilidades que eso conlleva y de mi persona, fue una etapa difícil y complicada por temporadas, tuve que enfrentarme a algunas situaciones adversas, pero así es el costo del aprendizaje, la vida te pone retos, tu actitud los enfrenta y los resuelve.

En 1999 tomé la decisión de mudarme a León, Guanajuato con mi familia; se vendió la casa y me fui a terminar la universidad y a comenzar una nueva etapa de trabajo formal.

Comencé a dar capacitaciones más por una asignación laboral que por gusto; sin embargo, me encontré con que se me facilitaba realizar esa actividad, además, el brindar capacitaciones me permitió controlar y vencer mi carácter introvertido.

A partir del 2005 inicié mi faceta formal como instructor, obteniendo grandes experiencias personales; a través de las cuales pude conocer diferentes personas, empresas y ciudades a lo largo de casi 18 años.

En ese proceso me certifiqué como instructor, comencé **Trainergy**, mi propia marca de consultoría y capacitación empresarial y obtuve mi registro como Agente Capacitador Externo con la STPS (Secretaría del Trabajo y Previsión Social), lo que me permitió profesionalizarme en este rubro.

En el 2008 en un viaje de trabajo a la ciudad de Hermosillo, Sonora, conocí a mi esposa. Ella trabajaba como asesora de clientes en la sucursal y me atendió durante mi estancia por el proyecto de capacitación en el que yo estaba participando, iniciamos una relación a distancia hasta que a finales del 2010 decidimos vivir juntos y me la traje conmigo a León, las cosas funcionaron muy bien para ambos y en diciembre del 2014, nos casamos en una hermosa hacienda en su ciudad natal, Navojoa, Sonora.

En noviembre del 2016 tuvimos el maravilloso regalo de ser padres de una hermosa hija que ahora tiene 6 años, nuestro pequeño torbellino que vino a poner mi mundo de cabeza, a llenarlo de amor, de retos y de esperanza, dándome un nuevo horizonte de vida y una perspectiva más amplia e incluyente debido a su condición de trisomía, tema sobre el que planeo escribir más ampliamente en otro espacio; sin duda alguna ese cromosoma adicional es un motivo que nos impulsa a mamá y papá a vivir, a seguir adelante y a dar lo mejor que tenemos para ella y en lo personal, para seguir trabajando en mis proyectos, en escribir sobre mis experiencias de vida, las cuales podrían ser de gran ayuda para otras familias que están por recibir a hijos con condiciones similares y poder dejar un legado de parte de papá para su futuro.

Conclusión

Para terminar de escribir este capítulo me di la oportunidad de leer con lujo de paciencia cada párrafo buscando visualizar las escenas que me remontaban a cada etapa de mi vida, las experiencias por las que pasé, las dificultades y pormenores que atravesé, pero también los alcances, triunfos y éxitos que he experimentado a lo largo de estos poco más de 50 años de vida. Ha sido un fascinante trayecto con diferentes vertientes que al final todas confluyen en un punto que al analizarlo ha sido fundamental en cada capítulo de mi vida: los **valores personales**.

La adopción de estos valores no ha sido sencilla, ha transcurrido un proceso de enseñanza-aprendizaje en el que he tenido la fortuna de contar con la mejor orientación y educación de mis padres y otro poco de los diversos círculos familiares, escolares, laborales, de amistades, así como sociales que han forjado esos valores y que me han permitido sacar lo mejor de ellos a lo largo de mi vida. Este libro que tiene el lector en sus manos es el resultado de la asimilación de estos **valores** personales y de cómo se manifestaron en cada experiencia, pensamiento, idea o anécdota presentados en los siguientes capítulos.

CAPÍTULO 2:

Perseverancia y Determinación

"Tengo que superarme a mí mismo
para ser más grande que los problemas".
Rafael Cortés Acosta

Durante todo mi ciclo como estudiante desde primaria hasta preparatoria, destaqué por ser alumno de premios y primeros lugares en mi salón de clases; prácticamente toda la primaria fui reconocido al cierre de cada ciclo escolar, sin embargo, en la secundaria y preparatoria no fue el mismo caso. Aunque tenía en general buenas notas, el cambio de llevar cinco o seis materias básicas a llevar once materias diferentes en la secundaria fue extremo para mí, al grado de que llegué a reprobar química y física. Me resultaba impactante ver esas notas en color rojo en la boleta y más impactante aún fue para mis papás que tenían que firmar de enterados. Con el paso del ciclo escolar eso se ajustó y no pasó a mayores pues aprobé todas mis materias y me acoplé a ese nuevo esquema de estudio. Ya en preparatoria me reivindiqué llegando incluso a obtener un reconocimiento como mejor alumno de mi generación en una de las evaluaciones parciales.

Con ese antecedente escolar y esos resultados académicos, siempre tuve altas expectativas personales en cuanto a mi futuro desempeño en la universidad, llegando a considerarme listo para tomar el examen de admisión a una de las universidades que me interesaba mucho antes de haber finalizado la preparatoria, cosa que no fue posible, pero mis sueños universitarios seguían firmes.

Inicialmente, estaba interesado en estudiar Ingeniería Electrónica y de Comunicaciones y la institución que más se ajustaba a mis necesidades era la Universidad Autónoma Metropolitana (UAM) Plantel Azcapotzalco, en la Ciudad de México; contaban con la carrera, se encontraba relativamente cerca de mi casa y además siendo universidad pública no tenía que erogar un presupuesto tan amplio para estudiar. Compartí con mis papás esa decisión e incluso me apoyaron para realizar un curso de preparación para aplicar el examen de admisión, recuerdo que el maestro nos compartió pistas interesantes para contestarlo, principalmente en el área de matemáticas, porque además cada sección tenía un tiempo límite para resolverla. Finalmente llegó la fecha del examen, salí con mucha confianza de haber obtenido el puntaje suficiente para ser aceptado en la universidad y continuar con mi entonces, exitosa trayectoria académica.

Cuando finalmente se publicaron los resultados, ¡no encontré mi nombre en la lista!, lo que me causó mucho desconcierto y especialmente a mis padres; ellos estaban escandalizados porque había "reprobado" el examen, les preocupaba lo que pensarían mis hermanas ya que yo era su ejemplo al ser el hermano mayor. Yo mismo, que no entendía cómo habiendo realizado un buen examen, no había sido seleccionado. Más adelante me enteré que de los alumnos que aprobaban el examen de admisión, se hacía una selección final de los que serían aceptados, ya que las solicitudes superaban por mucho la capacidad de alumnos que se admitían en esa carrera, además se decía que le daban preferencia a los aplicantes de instituciones públicas, yo había estudiado siempre en el Colegio del Tepeyac, una reconocida escuela privada al norte de la ciudad y por lo cual, para mi propia falsa tranquilidad, era la respuesta por no haber sido aceptado en la UAM y opté por cerrar el tema.

Para no perder el ciclo escolar después de salir de la prepa y ante este descalabro académico, opté por matricularme en la universidad propia del colegio, la Universidad del Tepeyac; la cual si bien no gozaba de reconocimiento nacional, sí contaba con prestigio en algunas carreras como Ciencias de la Comunicación y Arquitectura, acababan también de abrir las carreras de Ingeniería, además tenía la ventaja de que como ex alumno del colegio, yo no tenía que hacer examen de admisión y me daban un descuento en la colegiatura, por lo tanto ingresé a la carrera de Ingeniería Eléctrica, que era lo más cercano a la de electrónica que tenía inicialmente considerada. Cursé solo dos semestres en la Universidad del Tepeyac, pues no era lo que yo en realidad buscaba.

En cierta ocasión uno de mis mejores amigos de la prepa me pidió que lo acompañara a inscribirse a su tercer semestre en la Universidad Iberoamericana, Plantel Santa Fe, sobre la carretera hacia Toluca; acepté y fuimos. Resultó que era época de inscripciones y me dijo: *"Rafa, ¿por qué no haces el examen de admisión aquí?"* La Ibero contaba con la misma carrera que me interesaba, la de Ingeniería Electrónica y de Comunicaciones, y siendo una de las instituciones con mayor prestigio y reconocimiento en México, platiqué con mis papás sobre esta opción y acordamos que hiciera el examen, apliqué para la carrera junto con otros 75 aspirantes. Recuerdo bien los números porque me dieron los resultados completos; solo aceptaron a 45 alumnos y mi resultado fue el número 15 entre todos ellos, nada mal para ser aceptado en la Ibero y de paso demostrar a mi familia que no fue falta de preparación lo que pasó en la UAM. Al iniciar clases en la Ibero ya había pasado un año de haber salido de la prepa.

La modalidad de estudio en la Ibero, al menos en la Ciudad de México, era demasiado flexible en ese agosto de 1991, se podían inscribir menor número de materias, escogerlas de acuerdo con los horarios disponibles y llevar cada uno su propio ritmo. En esas fechas de juventud tenía múltiples actividades, formaba parte de un grupo musical, iba al gimnasio, participé en la formación del equipo de fútbol americano de la misma universidad y tenía novia, por lo que opté por aprovechar esa facilidad de inscribir menos materias para asegurar un buen aprovechamiento escolar.

Así pasaron tres años, yo llevaba media carga de materias por lo que mi avance fue muy lento. En mayo de 1994 un compañero me invitó a trabajar en un despacho de consultoría relacionado con sistemas (el cuál por cierto aún existe), la actividad que tenía que hacer no era de alta responsabilidad, pero fue mi primer acercamiento al tema de los procesos pues tenía relación con todos los consultores y acceso a sus propuestas y proyectos de trabajo, pues en ese entonces me correspondía pasar los documentos que redactaban a mano al formato oficial del despacho en Word o PowerPoint según fuera el caso, por lo que debía leerlo completo y de ahí comencé a aprender sobre diversos temas relacionados con el negocio, con el beneficio adicional de mejorar mi ortografía y redacción.

El pago era bueno, en algún momento yo ganaba más que mis amigos recién egresados de la universidad, así que me encontraba en un estado muy cómodo. Debido a mis actividades laborales me acerqué más a los proyectos de sistemas por lo que decidí cambiarme de carrera y me inscribí en la Licenciatura en Sistemas Computarizados e Informática en la misma Ibero; no recuerdo con exactitud cuanto más seguí estudiando mientras trabajaba, pero sí tengo presente que dejé de estudiar al menos un par de años ya que me enfoqué demasiado en el trabajo.

Desde que salí de la prepa hasta el momento en que reflexioné sobre retomar mi carrera ya habían pasado nada más y nada menos que

¡ocho años! En ese punto yo ya me había hecho cargo de mis gastos, por lo que regresar a la Ibero iba a ser muy costoso, así que busqué otra opción y me encontré con la Universidad de las Américas Ciudad de México (que no tiene ninguna relación con la UDLA Puebla), hice mi examen de admisión, me inscribí en la Licenciatura en Sistemas Computacionales, me revalidaron algunas materias y continué con mi trayectoria académica. Tenía un objetivo muy claro en ese punto de mi vida: **debía ser perseverante para terminar mi carrera universitaria.**

Así que en agosto de 1998 inicié mis clases en la Universidad de las Américas, la tercera institución universitaria donde estaba inscrito y la cuarta de interés personal si la consideraba desde la UAM. Combiné mis actividades laborales en el despacho de consultoría con mi nueva institución universitaria y así transcurrió otro año más.

Sin embargo, para los primeros meses de 1999 la relación con el dueño del despacho se comenzó a fracturar por el crecimiento que yo buscaba en aspectos laborales y otras situaciones de favoritismo que se habían presentado con otros compañeros, por lo que en mayo de ese año decidí cerrar mi ciclo en ese despacho y también en la Ciudad de México. Mi familia ya radicaba en la ciudad de León, por lo que les compartí mi decisión de irme a vivir con ellos y dejar atrás la capital con todo lo que eso implicaba.

Realicé mis trámites para reinscribirme en la Ibero Plantel León en la misma Licenciatura en Sistemas Computarizados e Informática para el ciclo de verano de 1999 y para otoño de ese año ya tenía el cambio definitivo, por lo que la Ibero León se convertía en mi cuarta institución universitaria (o la quinta según la perspectiva). Al hacer mi cambio de plantel me enfrenté a una situación no considerada, el plan de estudios ya había cambiado por lo que tenía que tomar la decisión de cursar las materias de mi plan de estudios anterior con la homologación de las materias del nuevo plan, o la más "drástica" de cambiar de plan de estudios; tomé la decisión menos esperada por el jefe de la Oficina de Control Escolar: cambiar al plan de estudios nuevo.

Con ese cambio me revalidaron varias materias del plan anterior, pero también implicó casi reiniciar la carrera, por lo que tuve que asumir esa responsabilidad y retomar con determinación ese objetivo. Tuve la gran fortuna de poder trabajar en la universidad, primero en el departamento de Recursos Humanos y luego en la Oficina de Control Escolar; transcurrió casi un año y para el inicio del ciclo de primavera 2001 me otorgaron una beca-prestación como empleado, ese fue mi seguro para concluir mi carrera, lo demás dependía de mi determinación personal.

Después de otros tres años de estudios, finalmente para el verano de 2004 cursé mis últimas materias y logré graduarme en la Licenciatura en Sistemas Computarizados e Informática con un promedio de 8.44 pero con el Reconocimiento "Manuel Acévez, s.j." de la Universidad Iberoamericana León, *"por la actitud hacia la formación integral humanista"*. Mi objetivo final estaba al alcance por lo que no perdí el impulso que llevaba y también concluí mi tesis con el título *"La computadora personal como herramienta profesional en la producción musical"*, así unificaba los temas de mi carrera con el enorme gusto que tengo por la música.

Recibí mi título y cédula profesional pocos meses después. Mi trayectoria académica pasó por cinco universidades diferentes, dos ciudades y catorce años de aulas, materias, profesores, compañeros, libros, trabajos y exámenes entre otras actividades culturales y deportivas, pero, sobre todo, con una invaluable experiencia de vida con un objetivo muy claro en mi mente y siempre con la mejor actitud, complementada con la más grande perseverancia y determinación para lograrlo. Todo este trayecto fue también parte de una decisión, y como dice Peter Drucker (2007, p.157), *"toda decisión es un dictamen, una elección entre varias cosas, y, rara vez, una opción entre lo correcto y lo incorrecto"*, por lo tanto, asumo con orgullo que concluir con mis estudios universitarios ha sido uno de mis más satisfactorios logros en la vida.

Tanto la perseverancia como la determinación en la vida representan una actitud, una decisión para seguir creciendo y preparándose ante los nuevos retos. De acuerdo con la Real Academia Española de la Lengua, la perseverancia implica *"mantenerse constante en la prosecución de lo comenzado, en una actitud o en una opinión"*, mientras que la determinación es *"decidir, establecer o fijar algo, despejar la incertidumbre sobre ello"*. Ambos términos son complementarios y en lo personal los definiría como una **dualidad que forma parte de una decisión y actitud positiva personal que es constante hacia el decidido cumplimiento de una meta.**

Años después, en octubre del 2019 tomé la decisión de continuar mis estudios en lo que sería mi sexta universidad en este andar académico, la Universidad Virtual del Estado de Guanajuato (UVEG) para cursar la Maestría en Administración Estratégica, la cual concluí en octubre del 2021, en tiempo de acuerdo con el plan de estudios, con un promedio global de 98.92, regresando de esta forma a la senda de buenas calificaciones y dedicación de aquellos tiempos de cuando estaba en la primaria.

Haciendo una reflexión con un enfoque empresarial o de negocio en cuanto a estos valores de perseverancia y determinación, encuentro que hay casos similares en donde el éxito llegó muchos años después de la primera emisión o versión de un producto, del desarrollo de un proyecto o del reconocimiento de algún líder, en todo caso el punto en común es el objetivo o meta que se tiene en mente y contar con los recursos necesarios de forma individual para alcanzarla a pesar de las adversidades, del miedo o desconocimiento de terceros e incluso de fallas durante el proceso. Es una realidad que todo el mundo quiere que su primera gran idea sea un éxito, pero es mucho más probable que sea un fracaso, aunque sea un fracaso educativo (Sloane, 2017) de donde se adquiera un valioso aprendizaje y experiencia para seguir adelante.

Expongo a continuación algunos casos que nos permiten identificar la perseverancia a partir de la iteración de esfuerzos y de la determinación de alcanzar un propósito, son ejemplos claros y contundentes de la aplicación de estos valores en cada proyecto, algunos son conocidos, otros pueden resultar una sorpresa para el lector:

- Walt Disney comenzó trabajando como aprendiz en una agencia de publicidad, a principios de los 20´s fundó su primera empresa de animación llamada *Laugh-O-Gram Films* la cual tuvo que cerrar por la quiebra de su principal cliente. Cuando logró llegar a Hollywood enfrentó una dura crítica y varios fracasos hasta que finalmente sus películas se hicieron populares.

- El aceite lubricante y penetrante WD-40 fue desarrollado en 1953, el término corresponde a "*Water Displacement, 40th formula*", el químico Norm Larsen elaboró 40 fórmulas hasta llegar a este exitoso producto. Actualmente la fórmula sigue siendo un secreto.

- Tom Monaghan, fundó Domino´s Pizza en 1960, indica en su autobiografía que durante su camino al éxito tuvo ocho o nueve contratiempos, de los cuales al menos cuatro casi le hacen perder el control de la compañía (Forbes, 2011).

- Bill Gates fundó en 1972 su primera empresa *Traf-O-Data*, la cual procesaba y analizaba los datos de cintas de grabación, pero el producto apenas funcionaba y fue un desastre. Este fracaso no evitó que explorara nuevas oportunidades y en 1975 creó su primer producto con *Microsoft*, el resto es una historia de éxito.

- Los fundadores de *Skype* realizaron 40 presentaciones a inversionistas antes de ser aceptados. El caso de *CISCO* fue similar con 76 intentos y *Google* que llegó hasta los 350 son un caso claro de perseverancia.

- Steve Jobs fundó *Apple* en 1976 y para mediados de los 80´s fue despedido de su propia compañía. Fundó una nueva empresa llamada *NeXT*, la cual eventualmente fue adquirida por *Apple*. Para 1997 regresó a *Apple*, renovó la imagen de la empresa y la hizo crecer con la introducción de nuevos productos y líneas de negocio.

- Arianna Huffington fue rechazada 36 veces antes de la publicación de su segundo libro, y en el 2005 fundó el sitio *The Huffington Post*, un periódico y blog en línea que, a pesar de las críticas negativas sobre su calidad y potencial, actualmente es un imperio de medios digitales.

- El exitoso juego de *Angry Birds* liberado en el 2009 por la compañía finlandesa *Rovio Entertainment*, es el juego número 52 después de 51 intentos de juegos previos que fueron un fracaso.

- El proceso es similar en otros ámbitos; J.K. Rowling fue rechazada 12 veces antes de la publicación de la novela *"Harry Potter y la Piedra Filosofal"*.

- Incluso la novela *"Lo que el viento se llevó"* de Margaret Mitchell publicada en 1936 fue rechazada en 38 ocasiones.

Estos son solo algunos ejemplos interesantes, estoy seguro que el mismo lector tendrá sus propias experiencias o conocerá algunas historias similares, detrás de cada una hay factores o elementos que propiciaron su desarrollo hasta alcanzar su aprobación y éxito; complementando este tema y como lo indica Paul Sloane (2017, p.86), hay que prepararse para intentar una y otra vez tomando el rechazo como una fuente de retroalimentación y mejora; en otras palabras, mantener activa la perseverancia y fortalecer la determinación.

Conclusión

La mayor recomendación que puedo dar a título personal es tener un objetivo claro y estar armado con perseverancia y determinación para enfrentar los obstáculos y retos que se presentarán en el camino, es seguro que en cualquier momento aparecerán. Incluso el mismo Steve Jobs en una de sus entrevistas menciona lo siguiente: "*la mitad de lo que separa a los emprendedores exitosos de los no exitosos es pura perseverancia*", por lo tanto, es una virtud que todos debemos integrar en nuestro catálogo de herramientas y valores personales.

Particularmente, considero que lo mejor de esos catorce años que tardé en terminar mi carrera, además de obtener mi título, fue vivir de primera mano la experiencia de lo importante que es tener un propósito claro en la vida, pero lo es aún más contar con una disciplina personal, profesional y social para mantener íntegra la ***perseverancia*** por alcanzar esa meta y tener la ***determinación*** de enfrentar las barreras que se presenten para salir adelante en cualquier proyecto que uno se proponga.

De hecho, considero ambos conceptos, perseverancia y determinación, como dos ***valores*** personales que han sido complementarios para la planeación y ejecución de mis actividades con el fin de alcanzar una meta; un objetivo claro que bien puede ser personal tomando en cuenta todos los aspectos sociales, familiares, profesionales y laborales que forman parte integral de mi vida, cada uno de ellos me ayudó a construir una base sólida para seguir avanzando, creciendo y aprendiendo.

CAPÍTULO 3:

El Valor del Primer Empleo

El resultado de una encuesta realizada por la consultora de soluciones en Recursos Humanos Randstad indica que el 63% de los mexicanos empezó a trabajar antes de los 20 años, 56% tomó esta decisión por "necesidad", y un 44% dijo haberlo hecho "por gusto". En España de acuerdo con Universia, la edad promedio de inicio laboral es de 23 años.

"El primer empleo es una etapa en donde comenzamos a afianzar nuestros propios valores."
Rafael Cortés Acosta

Tomar la decisión de buscar un trabajo cuando uno es aún estudiante de tiempo completo siempre genera bastantes expectativas sobre el ingreso que uno obtendrá, y más cuando todavía nos encontramos en la secundaria o preparatoria pero ya empieza a crecer el deseo de adquirir nuestros propios artículos de interés personal, salir con los amigos, invitar a salir a alguna chica o atender nuestros gustos y de paso ya no depender tanto de nuestros padres en temas de dinero. Claro que cada caso y situación individual es diferente, sin embargo, he decidido compartir en este texto mi experiencia personal sobre el primer empleo formal ya que también es parte de los primeros acercamientos para ingresar a un mercado laboral, integrarse a un equipo de trabajo, pero también de las primeras frustraciones y decepciones que forman parte indispensable del desarrollo profesional.

Fue una ocasión durante las vacaciones de verano que revisaba la sección de clasificados del periódico buscando un trabajo que me permitiera tener un ingreso durante un par de meses, que fuera algo que no requiriera experiencia y además que no quedara muy lejos de mi casa, tenía varios requisitos al respecto. Bueno, resulta que encontré un clasificado que se ajustaba perfectamente a mis necesidades laborales, el ingreso quizá no era gran cosa, pero si estaba muy cerca de mi casa y era un horario de medio tiempo para jóvenes estudiantes, la tarea hasta donde recuerdo era envolver o empacar algún tipo de producto, me parece que dulces o algo similar. Lo comenté con mis papás que siempre me han apoyado y aconsejado, estuvieron de acuerdo en que probara, llamé al teléfono del anuncio y acordé la cita.

Llegué a la puerta de un edificio por el que había pasado enfrente muchas veces, de hecho, en la planta baja había un expendio de helados de la entonces famosa "Danesa 33". Entré al edificio, bastante lúgubre, por cierto, en cada puerta había oficinas y despachos, aunque nada se veía de mucho renombre o de calidad, encontré finalmente la ubicación, toqué la puerta, alguien abrió y entré. No recuerdo a detalle la entrevista, pero lo que si estoy seguro de que lo que decía el anuncio no tenía nada que ver con la actividad que se tenía que realizar, obviamente decliné la oferta y regresé a casa. Esa fue mi primera decepción laboral, mi primera búsqueda de trabajo y resultó que era otra cosa, una mentira, así que dejé de buscar trabajo por un buen tiempo y me dediqué a mis responsabilidades escolares y asuntos personales propios de mi edad.

Ya en la universidad, para finales de 1991 mientras estudiaba en la Ibero en la Ciudad de México, se me presentó una opción más interesante, estaba por establecerse en México la cadena de tiendas Foot Locker que, si no mal recuerdo, llegaba auspiciada por las tiendas departamentales de Woolworth México. El puesto era de vendedor, quienes conocen esta cadena ubican que son tiendas de calzado y ropa deportiva de las mejores y más conocidas marcas; la propuesta era bastante atractiva para mí en ese momento, el único "pero" en el asunto es que la tienda donde llevaría mi solicitud quedaba bastante lejos de mi casa, aunque relativamente cerca de la universidad, la tienda se abriría en el Centro Comercial Interlomas, una zona residencial exclusiva de la zona metropolitana de la Ciudad de México, aunque en realidad la plaza se encuentra en Huixquilucan, un municipio del Estado de México. Para esa época ya manejaba y usaba el carro que había sido de mi mamá, un clásico Volkswagen modelo 1974, por lo que me resultaría más fácil realizar esos traslados.

Realicé la entrevista con el gerente de la tienda, un Mexicoamericano alto y ancho de hombros, con un frondoso bigote negro y algo mal encarado, no recuerdo su nombre, pero aceptó mi solicitud y realicé los trámites con la entrega del papeleo correspondiente para ingresar. La tienda aún la estaban arreglando para realizar la apertura que todavía no tenía fecha oficial, sin embargo, todos los que fuimos contratados como vendedores nos hicimos cargo del montaje completo de la tienda, desde desempacar el mobiliario, acomodarlo de acuerdo con el estándar, armar los paneles para el acomodo de la ropa y el calzado, los ganchos, exhibidores y los accesorios, abriendo las cajas de producto para desempacarlo y empezar a colocarlo de acuerdo con el modelo indicado por el gerente. Todo llegaba directamente desde los Estados Unidos en unos camiones cuyas cajas color naranja tenían la leyenda "Roadway" en letras negras, ese tipo de unidades de transporte no se veían en ese entonces en México.

Se descargaba el producto de los camiones y se colocaba en la bodega de la tienda que tenía una pequeña puerta con acceso a un área abierta que pertenecía al centro comercial. Esa puerta no estaba protegida con la seguridad debida y aún no colocaban las alarmas, por lo que un par de compañeros accedieron a quedarse toda una noche en la tienda para cuidar el producto que recién había llegado, esa decisión se tomó en ese momento, por lo que no hubo muchos voluntarios, incluyéndome entre ellos.

Al siguiente día que llegamos a la tienda para continuar el armado y acomodo, nuestros compañeros se veían muy cansados, no habían dormido bien por no contar con las condiciones adecuadas, pero era parte del acuerdo por esa ocasión, durante el día llegó la empresa de las alarmas y las colocaron por lo que ya no hubo necesidad de pasar otra noche cuidando la tienda. Como recompensa el gerente les regaló un par de tenis a cada uno, claro que de ciertas características y no de los más caros.

El uniforme como vendedores consistía en un pantalón negro y tenis, la camisa era de rayas verticales blancas y negras al igual que un árbitro de fútbol americano, con nuestro clip al lado izquierdo del pecho que tenía el logotipo de Foot Locker y nuestro nombre. Hasta ese momento me di cuenta de que finalmente formaba parte de una empresa y de un equipo, era mi primer trabajo formal.

La tienda abrió un par de días después sin mayor promoción, sobre la marcha el gerente nos estuvo capacitando sobre aspectos de la venta, del tipo de producto y de las marcas que se vendían, no había manuales para los empleados; al principio no había mucha gente que visitara la tienda por lo que resultaba aburrido y en ocasiones algunos de los vendedores nos juntábamos a platicar y cruzábamos los brazos mientras esperábamos que llegara algún posible cliente; eso no le gustaba al gerente quien, inmediatamente, se dirigía a nosotros con un "spanglish" bastante malo y nos separaba, también nos daba palmadas en los brazos para que dejáramos de cruzarlos, en esos momentos yo me preguntaba, "*¿y entonces qué hago con mis brazos?*". Esa fue una de mis primeras lecciones sobre el comportamiento de un vendedor y del lenguaje corporal que años después comprendí mejor y que incluso integré en algunos de mis programas de capacitación empresarial.

Como la marca de Foot Locker era nueva en México, la gente al pasar por enfrente se empezó a interesar y entraba a la tienda, al menos para curiosear y conocerla, poco a poco comenzó a venderse producto y a generar interés, los clientes se sentaban en bancas de estilo deportivo y nuestro uniforme como árbitros levantaba algo de expectación, era una novedad.

Durante las primeras dos semanas de venta pasaron algunas celebridades por la tienda, ya que estando en una zona exclusiva de la ciudad no parecía raro ni extraño, aunque para mi si representaba cierta sorpresa, de hecho, tuve la oportunidad de estar cerca de tres de esas personalidades.

En una ocasión entró a la tienda el cantante Francisco Xavier, seguramente algunos lo recordarán por sus éxitos "*Muñeco de Trapo*", "*Y Aquí Estoy*" o "*¿Qué es la Libertad?*". Al preguntarle si se le ofrecía algo me volteó a ver y me respondió como cualquier otro cliente: "*Gracias, solamente estoy viendo*".

En otro momento cuando ya había más clientes y movimiento en la tienda, noté a una chica de espaldas que estaba viendo tenis para dama, tal como nos habían capacitado me acerqué hacia ella y le comenté que cualquier pregunta que tuviera al respecto estaba a sus órdenes; ella volteó a verme y con una cara de agradecimiento me dijo "*Sí, muchas gracias*". No sé cuál haya sido mi expresión al verla, pero seguro fue de gran sorpresa, era Mariana Garza, la ex Timbiriche.

Otro recuerdo que tengo es cuando entró a la tienda Don Ernesto Alonso, el señor telenovela, acompañado con su familia, principalmente de sus nietos que daban y daban vueltas por la tienda pidiendo cosas, probándose diferentes tenis y ropa mientras nosotros tratando de atenderlos de la mejor manera, también en parte para ganarnos las comisiones por la venta. Los niños iban con Don Ernesto a preguntarle si podían llevarse esto o aquello, llegando al punto en que se sentó en una de las bancas y les dijo con cierto cansancio a sus nietos "*Si, lo que quieran está bien.*" Recuerdo que se llevaron varios pares de tenis, chamarras, juegos de pants entre otros accesorios; fue una cuenta enorme, con seguridad la mayor venta en una sola cuenta que había tenido la tienda desde su apertura.

Esta primera experiencia laboral duró solo unas escasas cuatro o cinco semanas, renuncié porque se me comenzó a dificultar con los horarios de la universidad y, sinceramente, lo que ganaba entonces se me iba en la gasolina del carro y la distancia era considerable para estar manteniendo ese ritmo, por lo que decidí dedicarme a la escuela aún sin haber esperado la inauguración oficial de la tienda. De hecho, nunca se comentó de forma interna nada al respecto, pero me llevé una muy mala sorpresa cuando me enteré por la radio que en la inauguración formal de las cuatro tiendas que se habían abierto en la Ciudad de México, estaría nada más y nada menos que la cantante Tatiana, de haberme enterado antes al menos hubiera esperado hasta esa fecha, bien habría valido la pena mantener ese trabajo unos días más para tener un autógrafo y una foto con Tatiana, estoy seguro que habría sido una gran anécdota.

Conclusión

Comenzar en un empleo, ya sea el primero o uno nuevo, siempre implica conocer, entender y poner a prueba una serie de valores tanto por parte de la empresa como por uno mismo, el primer empleo es una etapa en donde comenzamos a afianzar nuestros propios valores y la mayoría se empieza a alinear con los valores de las empresas como parte de una cultura organizacional. Valores como la integración, honestidad, respeto, trabajo en equipo, comunicación, empatía, productividad, bondad, iniciativa entre muchos otros se hacen presentes en las incipientes relaciones interpersonales que establecemos ante un nuevo reto laboral.

Sería interesante si el lector pudiera hacer una reflexión y recordar en este momento cuál fue su primer trabajo y cuáles fueron las principales enseñanzas que se pueden rescatar de esa primera experiencia laboral; en mi caso me encontré con el primer equipo de trabajo en el que participaba fuera de mis tradicionales círculos sociales, culturales, deportivos, de amigos y de la escuela, era comenzar a interactuar con otras personalidades, con otros bagajes, valores, comportamientos y principios distintos a los que convivía comúnmente, esas diferencias son las que comienzan a nutrir los aprendizajes laborales así como el deseo de formar parte de un equipo y en muchos casos de ser aceptado dentro de un círculo, buscando con el paso del tiempo un crecimiento profesional.

En resumen, este fue mi primer empleo formal, como vendedor de calzado y ropa deportiva entre otros accesorios, lo más interesante es que nunca hubiera pensado que varios años más adelante el giro del calzado sería el que mayores aportaciones, experiencias y conocimientos me brindara a nivel profesional desde que llegué a la ciudad de León, la llamada capital del calzado en México; de hecho, siempre he comentado que viviendo en esta ciudad es difícil no estar relacionado de una u otra manera con la fabricación, distribución y comercialización del calzado.

CAPÍTULO 4:

La Preparación ante los Retos

El reporte 2022 The state of learning & development de Mercer/Metti señala que casi el 64% de los encuestados cree que COVID-19 ha tenido el mayor impacto en las estrategias para la actualización y mejora de las habilidades de los empleados (upskilling y reskilling), lo que indica una falta de claridad sobre las habilidades del futuro.

"El éxito se mide de forma individual y se alcanza en la medida en que se cumplen las metas propias."
Rafael Cortés Acosta

No soy un gran aficionado al fútbol soccer, no es un deporte que me llame tanto la atención o me apasione como el fútbol americano, es cierto, lo llegué a jugar en mi época escolar y participé en un par de equipos en los torneos de fútbol que organizaba una de las empresas donde trabajé; me interesa seguir los resultados de la Selección Nacional en los torneos internacionales, quizá en ocasiones del equipo local de la ciudad, pero hasta ahí mi gusto por el soccer.

Pero, hace algunos años me encontré con una situación respecto al fútbol nacional y me pareció interesante hacer un comparativo de este tema con el aspecto de la preparación laboral y los retos que a nivel profesional se llegan a enfrentar día con día en las organizaciones, sobre todo cuando se ha alcanzado un nivel de madurez o de excelencia en el que se busca cómo seguir adelante para mantener esa posición, a la cual no es fácil llegar y mucho menos mantenerse a la cabeza.

En el 2012, como referencia, México ganó la medalla de Oro en las Olimpiadas de Londres. Para el 2016, previo a los juegos Olímpicos de Río de Janeiro, la selección mexicana organizó un juego que serviría de preparación para los mencionados juegos Olímpicos, su contrincante, el equipo del Zacatepec. En ese entonces el Zacatepec jugaba en la liga de ascenso del futbol mexicano y con todo respeto para el equipo, aunque tenía mucha tradición, era un equipo modesto cuyos únicos títulos datan de la década de los años 50's y en el torneo anterior al 2016 había ocupado el lugar número 12 entre 16 equipos. Como dato adicional y complementario, este equipo desapareció en el 2020. Como era de esperarse, la selección mexicana le ganó al Zacatepec 2 a 0, y cuando fue a Río de Janeiro a defender su medalla de oro en el grupo

C contra las selecciones de Alemania, Islas Fiyi y Corea del Sur, la selección mexicana fue eliminada en la primera ronda en los juegos olímpicos del 2016.

En un torneo de la magnitud de los juegos olímpicos y siendo el campeón defensor de la medalla de oro, la preparación de la selección previa al evento debió ser de mucho mayor nivel, con más exigencia física y técnica, juegos de preparación ante rivales que les demandaran un esfuerzo superior y determinación por ganar, además de una concentración especial y enfocada a los máximos niveles posibles para mantener la posición alcanzada en el torneo anterior.

En las organizaciones funciona de manera semejante; muchas empresas hacen bien las cosas al inicio. Por ejemplo, una empresa con un nuevo proyecto puede llegar a reunir a un grupo de colaboradores capaces, éticos y profesionales que tienen el objetivo de hacer sus tareas y actividades de forma productiva y competitiva. Otro ejemplo es lo que lleva a la empresa a posicionarse en un buen lugar dentro de su mercado; a tener buenos productos y servicios que ofrecer a sus clientes potenciales, marcar el rumbo a través de una estrategia de negocio que ha sido estudiada, analizada e implementada adecuadamente, incorporar herramientas tecnológicas para administrar y soportar su operación, otorgar un servicio de calidad al cliente, identificar y documentar sus procesos estratégicos. También considerar la importancia de contar con precios y beneficios atractivos con respecto a su competencia, integrar estrategias comerciales y de servicio basadas en *e-commerce*, así como evolucionar hacia los nuevos retos de la transformación digital a nivel organizacional.

Considerando lo anterior, la preparación adecuada permite alcanzar un enfoque total hacia el objetivo planteado.

Una de las estrategias actuales de preparación que están aplicando las organizaciones es el "*upskilling*" y "*reskilling*" debido a los retos que tendrán que enfrentar en los próximos años. De acuerdo con el estudio "*Jobs lost, jobs gained: workforce transitions in a time of automation*" de McKinsey Global Institute (2017), entre el 3% y el 14% de la fuerza laboral mundial deberán cambiar de categoría ocupacional para 2030 debido a la automatización, la inteligencia artificial y la digitalización de los empleos, por lo tanto, se vuelve indispensable contar con elementos para facilitar y asegurar la preparación de los colaboradores a lo largo de toda la empresa.

El "*upskilling*" se refiere a la adquisición de nuevas competencias y habilidades por parte del empleado con el objetivo de mejorar su desempeño en sus funciones o roles actuales, en tanto que el "*reskilling*" permite capacitar o actualizar al colaborador en competencias adyacentes que la empresa requiere para los nuevos roles de sus empleados.

Esta estrategia representará un gran esfuerzo ya que la preparación debe ser permanente, una constante no solo para las organizaciones, también debe considerar la iniciativa personal de cada uno de los empleados, desde los altos mandos (presidentes, dueños de empresa, consejeros, directores), los mandos medios o gerenciales y hasta el personal administrativo y operativo que son quienes por lo general cargan la mayor parte de la actividad productiva de las empresas.

"La preparación que tengamos de forma individual ante los retos va a determinar nuestro compromiso personal."
Rafael Cortés Acosta

En la medida que esta estrategia se ponga en práctica con su incorporación en las organizaciones y los altos mandos identifiquen y sean sensibles a esta necesidad de continuar preparando, educando y capacitando a su personal para enfrentar los nuevos retos que emprenderán las compañías en el corto, mediano y largo plazo, encontrarán con toda seguridad la clave para mantener su posición en el mercado y mejor aún, renovar y reinventar aquellos servicios y productos que las empresas ofrecen, la pandemia del COVID-19 fue un claro ejemplo de esto; y si somos aún más exigentes, tendremos que decir que cada uno de nosotros como personas, directivos, ejecutivos, emprendedores o empleados, e incluso como clientes o consumidores, bajo esta perspectiva ofreceremos de nosotros mismos hacia los demás.

Como indica David Allen (2016, p.83), para conseguir una claridad y preparación total y positiva en lo que estás haciendo, debes saber cuál es la meta o el resultado que pretendes alcanzar y decidir cuál es la acción que te va a hacer avanzar en esa dirección y realizarla. Lo anterior exige una verdadera preparación y por lo tanto la preparación que tengamos de forma individual ante los retos va a determinar nuestro compromiso personal para continuar siendo exitosos o bajar en la tabla de clasificación. Se debe tener una visión ganadora para preparar y enfrentar los retos.

Conclusión

"La preparación adecuada permite alcanzar
un enfoque total hacia el objetivo planteado."
Rafael Cortés Acosta

La **preparación** debe considerarse como un valor que tendrá que alimentarse de la experiencia del individuo ante los retos, circunstancias y adversidades que se le presenten, pero también con el enfoque hacia las metas y objetivos que desea alcanzar en todos los aspectos de su vida, es decir, el éxito personal. La mayoría de las veces el éxito se basa en la comparación de lo que uno tiene o ha logrado con respecto a otras personas y no se considera la preparación que cada uno de forma individual ha realizado para obtenerlo.

El éxito se mide de forma individual y se alcanza en la medida en que se cumplen las metas propias. Está íntimamente relacionado con la actitud personal que se tiene hacia el logro de esas metas, así como de los valores de la perseverancia y determinación que comenté en el capítulo 2 de este libro; por eso, la preparación tiene un camino, un método, busca lograr algo más grande, pero también requiere disciplina para que se convierta en una constante de aprendizaje. De hecho, en mis cursos y en las conferencias que he impartido, siempre comparto a los asistentes que deben tener una cultura de aprendizaje continuo, uno nunca deja de aprender, solo es cuestión de tener la mente abierta y el hambre permanente del conocimiento, de ser curiosos y cuestionarse lo que saben o lo que pasa a su alrededor, eso también le da un valor a cada persona, un valor de preparación que se vuelve apreciado en la vida laboral.

Como recomendación final, cada uno de forma individual y por iniciativa propia debe poner en práctica un análisis personal (sugiero un FODA), realizar su propia deliberación y encontrar su método o estrategia personal de preparación continua.

CAPÍTULO 5:

Paradigmas Laborales

"El rompimiento de paradigmas
es responsabilidad de los líderes".
Rafael Cortés Acosta

De acuerdo con Thomas S. Kuhn, un paradigma es un sistema de creencias, principios, valores y premisas que determinan la visión que una determinada comunidad; desde mi personal punto de vista, un paradigma es sencillamente un modelo mental, un ejemplo o un patrón a seguir. En las organizaciones cuando alguien externo al paradigma pregunta por qué cierto proceso, tarea o actividad se realiza de una u otra manera, la respuesta inmediata casi siempre será:

"Aquí siempre se ha hecho así."

Esta respuesta nos representa una forma de ver las cosas, no solo en el aspecto laboral, sino en todas las facetas de nuestra vida. Stephen Covey (2014, p.32) señala que un paradigma "en el sentido más general, es el modo en que vemos el mundo, no en los términos de nuestro sentido de la vista, sino como percepción, comprensión, interpretación".

Y efectivamente, esa percepción o interpretación es la que se presenta sobre las cosas que suceden en las organizaciones y es más común de lo que podríamos esperar, aunque no siempre se llega a notar o a identificar fácilmente.

En varias de mis sesiones de capacitación y charlas empresariales he compartido el tema de los paradigmas laborales y de la facilidad con que se pueden generar dentro de las organizaciones. Cuando uno toma conciencia de ciertas actitudes o comportamientos de los empleados, es impresionante cómo se vuelve notorio y suelen identificarse con cierta facilidad.

Entre el año 2010 y 2011 trabajé para una empresa fabricante de calzado (otra más), su mercado principal era el calzado de alta calidad para caballero y digo era porque dicha empresa, a pesar de haber sido una marca de renombre nacional en México, desapareció.

En cierta ocasión fui invitado a presentar los resultados y avances mensuales de algún proyecto en mi puesto de Jefatura de Ingeniería de Procesos, era una sala muy amplia que ocupaba prácticamente la planta baja completa de un edificio y en la que se encontraban entre directivos y gerentes de la compañía, el presidente y dueño de la misma, era la sesión donde le presentaban directamente el progreso de los diferentes proyectos y por tanto el ambiente solía ser tenso debido a la posible réplica y preguntas sobre cada tema. Las mesas estaban dispuestas en forma de herradura, mesas fijas en un espacio muy amplio y adicionalmente había una segunda fila de sillas colocadas frente a las paredes de la sala, por lo que se duplicaba la capacidad de la gente que estaba en esa ocasión; calculo vagamente que podría haber alrededor de cincuenta personas con puestos desde gerencias hacia arriba en el organigrama.

La sesión empezó en un horario determinado, yo estaba citado a una hora programada para presentar mis avances de manera que no tuviera que estar durante la sesión completa escuchando todas las exposiciones; los que presentábamos solo tomábamos la palabra, exponíamos nuestros temas, respondíamos posibles preguntas y al terminar la participación nos retirábamos de la sala.

Bien, previendo mi participación en esa sesión tan importante a la que había sido invitado, tomé mis precauciones de tiempo y llegué con bastantes minutos de anticipación, en parte para observar la dinámica de la sesión y estar preparado para mi exposición. Me senté en un lugar disponible casi en el extremo izquierdo de las mesas en herradura, junto al subdirector de recursos humanos y observé el comportamiento de los expositores, parecía ser un acto muy solemne, aunque la realidad es que había mucho nerviosismo por varios de los exponentes.

Los más altos directivos y el presidente estaban sentados en la parte central de la gran herradura, de manera que tenían frente a ellos la pantalla y en el extremo derecho de las mesas se encontraba el podio con el micrófono, por lo que tenían el panorama completo en la sesión.

Comparto en la siguiente figura un sencillo esquema del recinto para que el lector visualice mejor lo que estoy explicando.

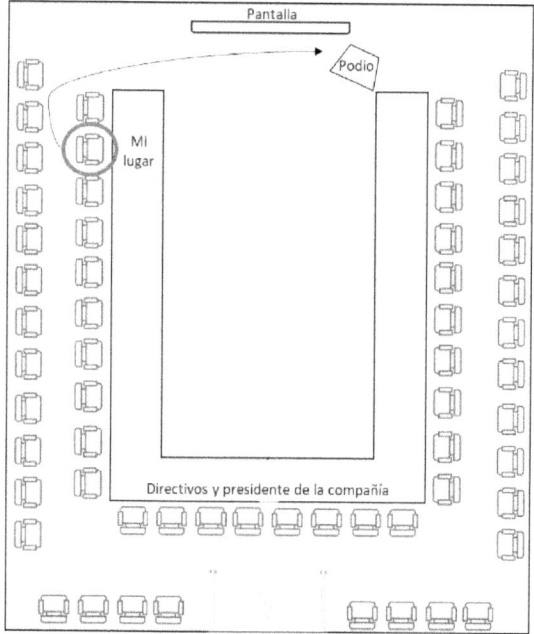

Figura 1. Realización propia

Conforme fueron pasando los exponentes, noté que se levantaban de su lugar (en donde fuera que estuvieran sentados en la sala) y caminaban siempre hacia el podio por el lado derecho de las mesas en herradura pasando entre las sillas ejecutivas de las mesas y las sillas colocadas al borde de las paredes. Observé que a los primeros exponentes se les facilitaba ir al podio porque les quedaba muy cerca del mismo lado donde se encontraba colocado, pero poco a poco esa facilidad fue cambiando al grado que algunos exponentes se levantaban de su silla del mismo extremo izquierdo en donde yo estaba sentado, daban toda la vuelta alrededor de las mesas pasando por detrás del equipo directivo y del presidente de la compañía hasta llegar al podio. Esos incontables segundos que transcurrían seguramente parecían años para esos compañeros ya que el resto de los ojos que había en la sesión los miraban con cierto escrutinio mientras caminaban el trayecto hasta su destino, además de que se generaba un silencio bastante incómodo en la sala.

Al percatarme de esa situación, pensé que quizá se había dado alguna indicación al respecto al inicio de la reunión y que obviamente yo no había escuchado pues no estaba presente por mi horario programado, para mí era mucho más sencillo levantarme de mi lugar y pasar por enfrente de la herradura hacia el podio, eran muy pocos pasos y además no perdía tiempo en dar toda la vuelta a la sala, no tenía sentido. Sin embargo, para evitar caer en alguna llamada de atención frente a todos, pregunté al subdirector a mi lado si se había dado alguna indicación al respecto, el me volteó a ver sin entender el porqué de mi pregunta, por lo que le comenté lo que había observado de los otros compañeros y de mi próxima presentación, al darse cuenta de dicho escenario me respondió:

– *No, ninguna indicación, puedes romper paradigmas.*

Y en efecto, una vez que anunciaron mi participación, me levanté, pasé frente a la herradura hacia el podio de forma ágil, realicé mi presentación, se respondieron las dudas y me retiré de la sala satisfecho de mi intervención, posteriormente reflexioné sobre lo que había sucedido ese día.

Era evidente que se había formado un paradigma laboral. En el momento en que los exponentes se levantaban de su silla hacia el podio uno tras otro realizando el mismo recorrido se formó en la mente del resto de los compañeros ese paradigma, un modelo conductual a seguir y no hubo oportunidad de cuestionar si ese patrón podía hacerse de otra forma, simplemente siguieron el comportamiento anterior, igual que un método aprendido por observación.

¿Por qué debemos romper los paradigmas organizacionales?

El rompimiento de paradigmas no suele ser una práctica que se fomente en las organizaciones, aunque sería recomendable integrarla a la cultura de la empresa, así como dentro de las funciones o retos de los empleados. Los paradigmas por lo general frenan el avance de los proyectos y se centran en la forma de operar cotidianamente; si se integra esta práctica es muy seguro que ayude y beneficie a la organización en la ejecución de sus procesos, concretamente en:

- Disminuir o eliminar las prácticas sin sentido y obsoletas.
- Generar alertas en el entorno y cómo responder ante ellas.
- Permitir la agilidad y eficiencia en la ejecución operativa.
- Conservar recursos de alto impacto para la empresa como tiempo, dinero, reprocesamientos, insumos o talento humano.
- Obtener resultados de manera más expedita, real y consistente.
- Cuestionar la operación actual en vías de una evolución y transformación organizacional.
- Generar una cultura de aprendizaje continuo entre todos los colaboradores.
- Incrementar la productividad y competitividad de la empresa.

Conclusión

Si logramos identificar el momento en que se forma un paradigma frente a nosotros, ya sea por algo que estamos haciendo o por lo que otros a nuestro alrededor realizan, también empezamos a entender la forma en que se comporta la gente y tenemos la magnífica oportunidad de incidir para cambiar o transformar actitudes y comportamientos buscando una mejora en la conducta, o al menos, tomar conciencia del entorno que se está presentando y tener la alternativa de tomar la decisión respecto a seguir llevando a cabo esa forma de actuar, o cuestionarnos si lo que se está haciendo puede realizarse de otra manera o se puede mejorar en algún aspecto.

Para finalizar veo necesario señalar que nuestros paradigmas, correctos o incorrectos, son las fuentes de nuestras actitudes y conductas, y en última instancia de nuestras relaciones con los demás (Covey, 2014), en ese sentido se nos presenta una grandiosa posibilidad de desarrollar un nuevo comportamiento que nos lleve a establecer relaciones personales de mayor calidad y profundidad en nuestros entornos laborales, familiares y sociales en general, modificar nuestras conductas en pro de un mayor beneficio personal y profesional, o al menos entender por qué algunas personas se comportan de cierta forma bajo diferentes estímulos; los líderes de las organizaciones y de diversos equipos de trabajo deben entender y trabajar de forma proactiva y positiva con estos conceptos, después de todo, el rompimiento de paradigmas es responsabilidad de los líderes.

CAPÍTULO 6:

Inteligencia Emocional:
Elemento Clave del Liderazgo

En la encuesta realizada por el portal CareerBuilder a 2,600 reclutadores de diferentes empresas, el 71% dijo que valoraba la inteligencia emocional (IE) en un empleado por encima del coeficiente intelectual (CI); el 75% dijo que probablemente promovería antes al trabajador de elevada IE; el 59% aseguró que no contrataría a candidatos con alto CI pero baja IE; el 34% dijo que ya estaba poniendo mayor énfasis en la IE a la hora de contratar.

"Sin la inteligencia emocional
un líder se puede convertir en un colaborador promedio."
Rafael Cortés Acosta

En el diccionario Oxford se define la inteligencia como la capacidad de aprender, comprender y pensar de manera lógica sobre las cosas; por otro lado, Howard Gardner indica que la inteligencia es la capacidad para resolver problemas y crear productos culturales.

En 1990 aparece por primera vez el término de "inteligencia emocional" en un artículo publicado por los profesores Peter Salovey de la Universidad de Yale y John D. Mayer de la Universidad de New Hampshire, en donde definen a la inteligencia emocional como la capacidad de percibir con precisión sus propias emociones y las de los demás; comprender las señales que envían las emociones sobre las relaciones; y gestionar sus propias emociones y las de los demás (HBR, 2015).

Si nos trasladamos al ámbito del ejercicio del liderazgo, en mi opinión, es indispensable poner énfasis tanto en la inteligencia emocional como en la actitud. De acuerdo con John C. Maxwell, una actitud es "la predisposición mental o emocional hacia algo o alguien", y sostiene que la actitud es el factor clave en el desarrollo del liderazgo y en la forma en que las personas enfrentan las dificultades, además de indicar que una actitud positiva es esencial para alcanzar el éxito y que es posible cambiar una actitud negativa en una positiva a través de la elección consciente y el esfuerzo. Adicionalmente, Jack Welch ha hablado en varias ocasiones sobre la importancia de tener una actitud positiva y de "ganar" en su libro "Winning" donde habla sobre cómo una actitud positiva y una mentalidad de "ganar" son fundamentales para el éxito en cualquier ámbito, ya sea en los negocios, en el liderazgo o en la vida personal, ya que una actitud positiva no siempre es fácil de adoptar (Welch, 2005).

Como definición complementaria, la actitud es la disposición mental o emocional de una persona hacia un objeto, idea, situación o persona. Es el conjunto de creencias, sentimientos y predisposiciones que una persona tiene hacia algo. Las actitudes pueden ser positivas, negativas o neutras y pueden influir en la conducta de una persona (OpenAI, chatGPT).

Una vez establecido el marco conceptual de la inteligencia, la inteligencia emocional y la actitud, podemos entrar en materia del objetivo principal de este capítulo, que es la inteligencia emocional como elemento clave del liderazgo.

Hay una frase muy interesante que ha tomado auge entre los círculos de contratación de personal y en las áreas de Recursos Humanos y es, *"contrata por la actitud del candidato y enseña las habilidades o la técnica"*. Generalmente, la contratación del personal se hace en base a las necesidades de la empresa; las plazas se cubren tomando en cuenta los conocimientos, capacidades y experiencias de los candidatos, pero la actitud, en muchos de los casos, no es considerada como un aspecto prioritario. Por otro lado, existen habilidades personales como la humildad, la honestidad o la paciencia que, como habilidades o competencias, no se pueden desarrollar desde la empresa, la persona ya cuenta con ellas y las puede seguir reforzando.

Recuerdo que a finales del año 2004 cuando me integré a una de las empresas donde más tiempo he trabajado y que está relacionada al giro del calzado, uno de los cursos que me dieron como parte del plan de inducción fue justamente el de **actitud**, incluso hasta recibí mi constancia de participación y se me quedó muy grabado ese tema porque en ninguna otra empresa en donde llegué a participar se impartía algún curso sobre actitud o relacionado a ese tópico.

En el año 2010 laboraba para una empresa manufacturera de calzado para caballero en la ciudad de León, Guanajuato; que por cierto desde hace años ya no opera, la marca era muy reconocida a nivel nacional por su calidad, aunque la empresa desapareció posteriormente. En ese entonces se abrió el proyecto de trasladar toda el área de distribución que en ese tiempo estaba separada en una bodega cerca de la fábrica y otra parte en las mismas instalaciones de la planta, por lo que la operación estaba dividida, se dificultaba tanto el manejo del producto como el surtido que se requería para las tiendas y los embarques correspondientes.

El proyecto consistía en hacer la migración de todo el inventario que se encontraba en estas áreas de almacenes hacia un verdadero centro de distribución en Guanajuato Puerto Interior, que era un parque industrial recién desarrollado cerca de la ciudad de León, se rentó una nave industrial en esa ubicación. Se implementó un sistema de bandas automatizadas con bajadas en forma de toboganes para el acomodo y surtido de producto de acuerdo con los pedidos para las diferentes tiendas a nivel nacional y para que todo eso funcionara adecuadamente me correspondió documentar gran parte de las políticas y procesos relacionados con la operación del almacén y la distribución del producto, considerando la integración de los nuevos sistemas que se desarrollaron y el uso de las bandas para optimizar toda la operación que para el personal de ese entonces era algo totalmente nuevo, incluyendo al mismo Gerente de Distribución, a quien llamaremos Antonio.

Como lo comenté anteriormente, se debía migrar todo el inventario hacia el nuevo centro de distribución, por lo tanto, los traslados tenían que ser muy eficientes para aprovechar el mayor espacio posible en las cajas de los camiones que se contrataron para mover el producto. Dentro del equipo que estábamos a cargo de ese proyecto conocíamos la operación completa tanto de un almacén como de la logística y distribución, por lo que teníamos métricas y tiempos ya identificados para agilizar el traslado de producto y hacer mucho más productivo cada viaje, sin embargo, también dejamos que trabajara Antonio con su equipo, finalmente él era el líder y además corresponsable del proyecto.

Tras un par de días de iniciada la migración, notamos que era demasiado lento el movimiento de los transportes, se quedaban mucho tiempo estacionados y no salían más de dos unidades al día hacia el nuevo centro de distribución. Debido a la experiencia que se tenía en el equipo comenzamos a cuestionarnos si algo habíamos hecho mal u omitido en la planeación de las actividades y empezamos a meternos poco a poco en las tareas para identificar lo que estaba pasando, hasta que encontramos un aspecto que estaba relacionado con la productividad, la comunicación, la actitud y el liderazgo.

Observamos que un camión del tipo Torton al que le caben aproximadamente 5,000 pares en atados flejados de cinco cajas lo descargaban en alrededor de seis horas, cuando nosotros sabíamos que un camión con esas características en la empresa de donde proveníamos podía descargarse en un tiempo aproximado de dos horas. Nos preguntamos qué estaba pasando y analizamos la situación.

Para empezar, cometimos algunos errores:

- Asumimos que se tenía la misma medida de productividad e iniciativa en la operación.
- Permitimos que realizaran esas actividades de acuerdo con su normalidad operativa.
- No implementamos un seguimiento ni supervisión desde el inicio del proyecto.
- No consideramos que ellos nunca habían realizado un proyecto de esa magnitud con anterioridad.

En el caso de nosotros, ya habíamos tenido oportunidad de poner en marcha un centro de distribución con gran capacidad de almacenamiento, por lo que conocíamos los retos, mismos que requería que estuviéramos más cerca del equipo operativo.

Cuando nos acercamos con Antonio para sugerirle que había posibilidad de mejorar la productividad, nos volteó a ver con ojos de incredulidad, se echó para atrás cruzando los brazos y subiendo los hombros, nos dijo con un tono entre enojo y hartazgo: "*pues díganme cómo hacerle*", obtuvimos una respuesta y actitud tanto verbal como corporal que no correspondía a un nivel gerencial.

Esa imagen del gerente con la oportunidad de liderar un proyecto que tendría alto impacto en su organización, pero demostrando una actitud cerrada y negativa se me quedó muy grabada, al grado que por algún tiempo estuve reflexionando y analizando esta experiencia, llegando a la siguiente resolución personal.

Un gerente debe poseer varias características y habilidades, las primordiales desde mi punto de vista son:

- comunicación efectiva
- colaboración integral
- liderazgo auténtico

además de la inteligencia emocional, la cual se ve expresada a través de los tres factores anteriores.

Por supuesto que todas las habilidades deben estar basadas primordialmente en una actitud positiva y propositiva, pero considero que la inteligencia emocional es lo que integra las habilidades que he mencionado, ya que un verdadero líder debe mantener el mayor control de sus pensamientos y emociones con el apoyo de estos elementos de la **trilogía organizacional**.

Aprovecho en este punto la oportunidad de compartir algunos ejemplos de líderes mundiales que se considera que poseen un alto nivel de inteligencia emocional:

- Nelson Mandela: Durante su mandato como presidente de Sudáfrica, después de haber estado encarcelado injustamente por 27 años, Mandela logró convertirse en presidente de su país a través de una elección democrática, unir a un país dividido por el apartheid y promover la reconciliación y la igualdad racial. Se le considera un líder empático y de gran personalidad, que era capaz de comprender y conectar con las emociones de su gente.

- Mahatma Gandhi: El líder espiritual y político indio es conocido por su liderazgo pacífico o libre de violencia y su capacidad para movilizar a su pueblo en la lucha por la independencia de la India. Es considerado como un líder sabio y compasivo, que entendía las emociones de la gente y las utilizaba para inspirarlos.

- Angela Merkel: La excanciller alemana es conocida por su liderazgo estratégico y su capacidad para mantener la calma en momentos de crisis. Merkel es conocida por ser un líder racional, que es capaz de analizar las emociones de sus seguidores y tomar decisiones basadas en la lógica y la razón.

- Colin Marshall: CEO y directivo de British Airways de 1983 al 2004, jugó un papel decisivo en la reforma de la empresa antes de su exitosa privatización en 1987. Marshall consideraba la apertura y la honradez emocional como elementos vitales para obtener el mejor rendimiento de su organización. British Airways realizaba anualmente varios seminarios con sus gerentes donde Marshall pasaba entre dos y tres horas conversando abierta y honradamente sobre varios aspectos del negocio, llegando a promover a los ejecutivos que tenían honestidad emocional.

- Indra Nooyi: ejecutiva de negocios indio-estadounidense y exdirectora ejecutiva y presidenta de PepsiCo, era conocida como la "mujer dragón" por el estilo de liderazgo directo y franco que utilizaba. Nooyi defendía que todos sus empleados tienen vida personal, logrando incrementar la productividad al tener en cuenta las circunstancias personales y emocionales.

Entonces, hablando de forma general en el aspecto laboral y no solo de líderes, cualquier persona que trabaje para una organización sin importar su puesto o funciones, ya sea independiente o emprendedor, que tenga un oficio o actividad profesional tanto formal o informal, debe contar con una característica invaluable, el gran valor de una actitud personal que le permita enfrentar sus retos, que pueda tomar decisiones, equivocarse y resolver de inmediato, con la rapidez de respuesta y capacidad de reacción a decisiones incorrectas y a los problemas recurrentes (Borghino, 2007). Esta actitud es la que permite alcanzar los resultados y fomentar también el compromiso entre los miembros de su equipo de trabajo, e incluso, hacia otros equipos de trabajo.

En el caso específico de Antonio, el Gerente de Distribución, no manifestó una actitud de liderazgo hacia su equipo, no identificó la oportunidad que tenía para mejorar su operación y demostrar una visión más amplia sobre la posición en la que se encontraba en ese preciso momento; la posibilidad de constatar su liderazgo a partir de una actitud de humildad, de apertura y aceptación a nuevas propuestas que le permitieran alcanzar un crecimiento por medio de la incorporación de nuevos conocimientos, de manifestarse como un gerente solucionador de problemas que se permite explorar nuevas alternativas ante cualquier contratiempo o complicación y por encima de todo, de reafirmar un liderazgo total frente a sus compañeros de equipo de trabajo; de haber tomado esa actitud habría demostrado un alto grado de conocimiento de sí mismo y no solo a partir del valor que tiene la inteligencia emocional, desde mi punto de vista va más allá y hubiera alcanzado un alto nivel con la aplicación de una inteligencia laboral.

Conclusión

"La actitud de un equipo de trabajo
la determina el líder."
Rafael Cortés Acosta

Las empresas buscan contar con líderes entre sus empleados, líderes que tengan un motor integrado pero que además funcione, que sean inteligentes y que puedan tomar decisiones, que tengan iniciativas y que den resultados, en pocas palabras, las empresas buscan a un líder o gerente al que le pagan por lo que sabe o por una habilidad única o por su capacidad para hallar soluciones a problemas nuevos (Cope, 2016).

La actitud de un equipo de trabajo la determina el líder, pero también su forma de reaccionar o responder ante un imprevisto a partir del conocimiento personal, la autoconciencia y autorregulación, los cuales son elementos clave de la inteligencia emocional; es indispensable contar con ella, en esencia, sin la inteligencia emocional un líder se puede convertir en un colaborador promedio.

Un líder debe demostrar actitud; total y positiva actitud frente a su entorno. En toda organización sin importar el puesto o nivel jerárquico, se espera contar con líderes que hagan frente a las problemáticas del día con día, pero que también tengan la capacidad de dirigir a sus equipos de trabajo, fomentando una actitud que pueda generar alto impacto hacia los proyectos en los que participen y que al mismo tiempo, incentive el desarrollo de la inteligencia emocional en su forma de actuar y responda ante su entorno laboral, ya que sin la inteligencia emocional, una persona puede tener la mejor preparación del mundo, una mente incisiva y analítica, y un infinito surtido de ideas inteligentes, pero aun así no será un buen líder (HBR, 2011).

Y aunque la actitud forma parte importante del carácter de los líderes, es un hecho que la inteligencia emocional bien desarrollada es un valor que traerá muchos beneficios para la persona y por supuesto para la organización, esta habilidad siempre estará disponible para cualquiera que desee adquirir el compromiso del liderazgo con toda la carga adicional de responsabilidades que eso pueda implicar a nivel individual, personal y profesional.

CAPÍTULO 7:

El Valor del Fracaso en los Proyectos

De acuerdo con el estudio de Pulse of the Profession del 2021 que elaboró el Project Management Institute (PMI), el 12% de los proyectos a nivel global fallaron o fracasaron, mientras que en Latinoamérica los proyectos que fracasaron correspondieron al 15%.

"Un riesgo para el proyecto es un riesgo para la empresa."
Rafael Cortés Acosta

La planificación y ejecución de proyectos en las organizaciones es algo natural en nuestros días. Hay proyectos de diversa índole que son clasificados por el monto del presupuesto, tamaño, tiempo de ejecución, cantidad de personas o departamentos involucrados y de impacto directo para la continuidad o expansión del negocio. Algunos de ellos tienen gran trascendencia en la evolución de las compañías mientras otros se autorizan como parte del fortalecimiento de una estrategia comercial o tecnológica; el resto pueden ser propuestas de proyectos que no fructifican o que no generan un beneficio a la organización y son cancelados en el mejor de los casos, sin embargo, hay algunos que están simplemente condenados al fracaso, ya sea por mala planeación, porque se incrementan los presupuestos, porque hay intereses particulares o por que las personas que están al frente de esos proyectos no son los líderes indicados.

En la mayoría de las organizaciones con las que he tenido la oportunidad de participar ya sea como empleado o con la fortuna de asesorarlas para el desarrollo de algún proyecto particular, se tiene el paradigma de que todos los proyectos que se plantean o se inician deben concluirse y ser exitosos, que no hay lugar para las pérdidas, las fallas o el fracaso.

La Real Academia Española de la Lengua define el fracaso como un "*resultado adverso de una empresa o negocio*", aunque es totalmente entendible esta idea, también es claro que esta definición se encuentra principalmente enfocada hacia las organizaciones, pero si cambiamos algunas palabras e incorporamos otras podríamos obtener un concepto más amplio del fracaso, probemos con la siguiente definición:

El fracaso es el resultado adverso y no esperado de una actividad, función, tarea o proyecto individual, profesional o a nivel organizacional que suele identificarse por tener consecuencias negativas.

Quizá pueda resultar una definición un poco extensa y rebuscada, pero desde mi perspectiva y experiencia, abarca en su totalidad aquellos elementos con los que se reconoce un fracaso en cualquier ámbito. Hay proyectos o actividades que pueden resultar adversos pero que no presentan consecuencias negativas, en tal caso y más que un fracaso lo podemos considerar una experiencia o un aprendizaje si es que se tiene la mentalidad de aprender ante ese tipo de situaciones. John C. Maxwell (2015, p.15) indica que uno de los más grandes problemas que la gente tiene respecto del fracaso es que juzga demasiado apresuradamente situaciones aisladas en su vida y las clasifica como fracasos. En lugar de hacer eso, deberían mantener en mente el cuadro completo de cada situación. Esta aseveración de Maxwell representa un punto de vista que está basado en las experiencias y aprendizajes individuales, así como de la reacción ante situaciones similares; determinar si fue un fracaso o no me parece que depende más de una decisión personal que debe estar respaldada por posibles situaciones adversas que se hayan experimentado y cómo se hayan enfrentado.

Consideremos como ejemplo una breve experiencia que tuve cuando un exjefe me buscó para presentarme con el dueño de una empresa con la que él estaba laborando, me comentó que necesitaban un poco de ayuda para alinear sus procesos y optimizarlos, incluso al grado de documentarlos, por lo que me pareció que podrían requerir mis servicios de consultoría en el tema de documentación e implementación de procesos operativos. Acepté la invitación para asistir a la cita y lo que identifiqué durante esa reunión fue a un dueño de empresa un tanto frustrado por su operación, pero que parecía que me estaba entrevistando como un probable candidato para ser contratado y apoyarlo directamente en su operación. Había claramente una diferencia de perspectivas en cuanto al objetivo de esa entrevista; mi exjefe me había planteado un escenario, pero al propietario del negocio al parecer le había planteado la opción de contratar una persona con experiencia en el tema, por lo tanto, la forma de afrontar la entrevista desde ambos ángulos era totalmente divergente, cada uno buscaba su propio objetivo y nunca podríamos llegar a un acuerdo.

De forma personal y una vez que concluyó la reunión y fuera de las instalaciones, le comenté a mi exjefe que no había entendido el objetivo de esa sesión, no había sido ni una entrevista de trabajo ni una presentación para elaborar una propuesta de proyecto, la línea entre ambos temas estaba difusa debido a que no había sido claro ni con su patrón, ni conmigo, obviamente ese encuentro podría considerarse como un fracaso. Sin embargo, ya analizando toda la situación, no representó ninguna consecuencia negativa ni para el patrón de la empresa, ni para mi exjefe, ni para mi actividad de consultoría, de modo que no podía considerarlo como un fracaso, por el contrario, representó una invaluable experiencia y aprendizaje para el planteamiento claro y objetivo de futuras entrevistas, ya sea como candidato a un puesto laboral o para la realización de posibles propuestas de proyectos de consultoría o capacitación empresarial.

La experiencia anterior sirve como ejemplo ilustrativo de la definición de fracaso que he propuesto para este capítulo, y también se presenta como un preámbulo al tema central del mismo, un escenario laboral real con la ejecución de un proyecto organizacional en el que participé y al que me enfrenté no solo a uno, sino a dos fracasos consecutivos antes de alcanzar mi primer éxito con ese plan de trabajo.

> *"El valor del fracaso depende de la forma en que se asimile*
> *y de la perspectiva con la que se enfrente."*
> Rafael Cortés Acosta

En marzo del 2005 me enviaron a la sucursal de San Luis Potosí para asistir como parte de una inducción a la implementación del nuevo sistema de ventas de la compañía, ahí atendí una capacitación sobre los módulos de operación de dicho sistema, más no había una estructura, formalidad ni metodología para impartir esa sesión, por lo que prácticamente fue nulo el conocimiento adquirido en esa aplicación. En ese entonces yo había comenzado a impartir los seminarios de operación de ese mismo sistema, pero con la versión para sucursales que no tenían inventario, solo eran puntos de entrega, cobro y devolución de producto, por lo que este sistema era mucho más reducido y sencillo de operar. Para dimensionar la diferencia entre ambos sistemas está el tamaño de las sucursales; por ejemplo, aquellas que tenían inventario tenían plantillas desde 20 a 25 personas las más pequeñas y hasta más de 100 colaboradores las dos más grandes que se encontraban una en Ciudad de México y otra en Guadalajara, mientras que en las sucursales sin inventario podían operar desde 3 y hasta 10 empleados máximo.

Regresé de ese viaje habiendo vivido una mala experiencia de planeación, capacitación e implementación del sistema, asunto que no era parte de mi responsabilidad, tampoco podía hacer mucho por mejorar la metodología en ese momento, aunque sabía que tenían bastantes áreas de oportunidad. Poco tiempo después, mi coordinador de equipo me indicó que tendría que empezar a capacitar al personal de las sucursales grandes con inventario, dando por hecho que al impartir el seminario operativo del sistema reducido podría dar la capacitación del sistema completo; es aquí donde empieza la parte interesante ya que desde una perspectiva de proyecto se podría considerar como la crónica de un fracaso anunciado.

En noviembre del 2005 me enviaron a dar la capacitación para una de las sucursales que se encuentra al noreste de la Ciudad de México, en la zona de Aragón. Debido a que tenía relativamente poco tiempo en la empresa, aún no conocía a la plantilla de gerentes de la red de puntos de venta por lo que llegué a la sucursal como un completo desconocido, aunque la realidad eso era lo que menos me preocupaba. Había tenido la precaución de recabar las presentaciones de la dichosa capacitación que se dio en San Luis Potosí y las estuve estudiando, pero el verdadero problema radicaba en que yo no conocía la operación completa de una sucursal con inventario. Luego, una vez que llegué a la sucursal y entré a la sala de capacitación me di cuenta de que estaban instalados los equipos de cómputo para hacer las prácticas del personal con el sistema, cosa que no era parte del plan.

El primer fracaso

No me extenderé en explicaciones y grandes detalles, iré al punto con esta primera sucursal del proyecto del cual sería responsable. La capacitación fue un completo desastre.

El plan de trabajo de la capacitación me lo había proporcionado mi jefe y estaba basado en el plan de San Luis Potosí, en cuanto al equipo de cómputo aunque había staff de soporte de sistemas en México, no habían conectado las computadoras en red y menos las habían direccionado hacia el corporativo en la ciudad de León, donde supuestamente tendría la base de datos centralizada en un servidor para hacer la demostración y pruebas del sistema con el personal, preparé mi computadora portátil con las presentaciones y el proyector, comencé con el primer archivo que correspondía al módulo de "Clientes" y casi simultáneamente comenzaron las preguntas a las que en gran mayoría no tenía respuesta, me encontraba en el limbo, no conocía la operación del sistema vigente que estaba desarrollado en lenguaje *clipper* y tampoco conocía cómo operaba esa versión del nuevo sistema que se había construido sobre la tecnología ".NET", y lo mismo pasó con el resto de los módulos, prácticamente a cada pregunta del personal la respuesta era "*me lo llevo de tarea*", "*lo voy a investigar*", "*prefiero corroborarlo para estar seguro antes de responder*", entre otras frases similares que más que una réplica a cada pregunta eran un pretexto y salida a mi desconocimiento sobre el sistema y la operación general de esas sucursales que manejaban inventario.

Para colmo y para provocar más presión en mi ya de por sí espantada y desmotivada humanidad, el segundo día se presentó en la sala de capacitación el responsable de soporte técnico, le llamaremos Adrián, me pidió que saliera un momento, comenté a los asistentes que haría una breve pausa y salí para atenderlo. Me indicó que entraría a la sesión de capacitación uno de los hijos del dueño de la empresa para que conociera el nuevo sistema, seguramente al escuchar eso mi semblante palideció, la impresión fue bastante alta, acepté con gusto, me lo presentó y entramos a la sala, ambos se acomodaron en un par de sillas continuas disponibles y continué con la exposición.

No había pasado más de una hora de mi tortura frente al grupo y con este personaje en la sala; con mi presentación que hacía del tema seguramente percibieron que no era completo conocedor del sistema cuando empezaron ellos dos a hablar sigilosamente uno con el otro por un par de minutos, finalmente Adrián se levantó de su silla, me interrumpió y se acercó para preguntarme en voz baja si era posible que le pasara los archivos de las presentaciones en una memoria USB para que se las llevara el "hijo del dueño" y las pudiera consultar por su cuenta, asentí de forma inmediata y le hizo una seña de afirmación, en ese momento se levantó, me dio las gracias y salió de la sala de capacitación. Adrián me entregó la memoria, la inserté en la computadora y en el mismo instante realicé la copia de los archivos para entregársela y se retiró.

Al cerrar la puerta casi al unísono se escuchó un suspiro de desahogo y se sintió un ambiente mucho más relajado por parte de todos los asistentes, el grupo no se sentía cómodo con uno de los hijos del dueño sentado junto a ellos y la realidad es que más allá de que yo no conociera el sistema y que mi exposición fuera deficiente, él tampoco se sentía del todo confortable en el grupo. Aún con toda esa ventaja de que no lo tuviéramos presente yo era el único que seguía preocupado por la calidad de capacitación que estaba dando, de hecho, ya estaba pensando en el momento en que terminaría mi participación en esa sucursal, me urgía cerrar ese episodio y ponerme a trabajar en el material para la capacitación en la siguiente sucursal.

Como ya lo indiqué, la capacitación fue un desastre total para mí, un fracaso completo que, si lo analizo ahora desde una perspectiva gerencial o de líder de proyecto, mi coordinador lo pudo haber evitado al asegurar que yo me encontraba preparado para enfrentar ese reto sin apoyo, cosa que no sucedió. No es que busque un pretexto ante esta experiencia, personalmente acepté que este fue un fracaso en mi trayectoria laboral y me di a la tarea de prepararme para asegurar que nunca me volviera a suceder algo así, de hecho, parte del aprendizaje que obtuve también fue que, como responsable de un equipo o líder de proyecto, no puedo dejar que algún colaborador o compañero de trabajo desarrolle una tarea o actividad sin estar seguro de que pueda llevarlo a cabo de forma exitosa.

El segundo fracaso

Para inicios del 2006 me había puesto a trabajar en la mejora de las presentaciones de la capacitación del sistema, le había pedido a mi jefe que me explicara la operación de las sucursales con inventario para identificar las diferencias con las sucursales sin inventario, además de que todo el equipo de cómputo que habían instalado en México lo enviaron a León y tuve oportunidad de revisarlo y configurarlo para realizar una mejor instalación en las futuras capacitaciones, además de validar que estuvieran las impresoras térmicas con papel, los escáneres de rastrillo, "*mouse*", teclados y cables eléctricos completos, me asignaron un concentrador de red y el equipo de soporte técnico elaboró unos cables de red con longitud suficiente para conectar los equipos, con lo que se facilitaba la conectividad de esa pequeña red de cómputo local, solo tendría que conectarme en un nodo de red de la sucursal para hacer la comunicación hacia el servidor en el corporativo y realizar las pruebas con la base de datos centralizada. Elaboré materiales de capacitación con códigos de barra de diversos productos, tenía credenciales de clientes ficticios previamente preparadas, contaba con los usuarios y contraseñas asignados y también con el flujo de prácticas como se llevarían a cabo en la sesión.

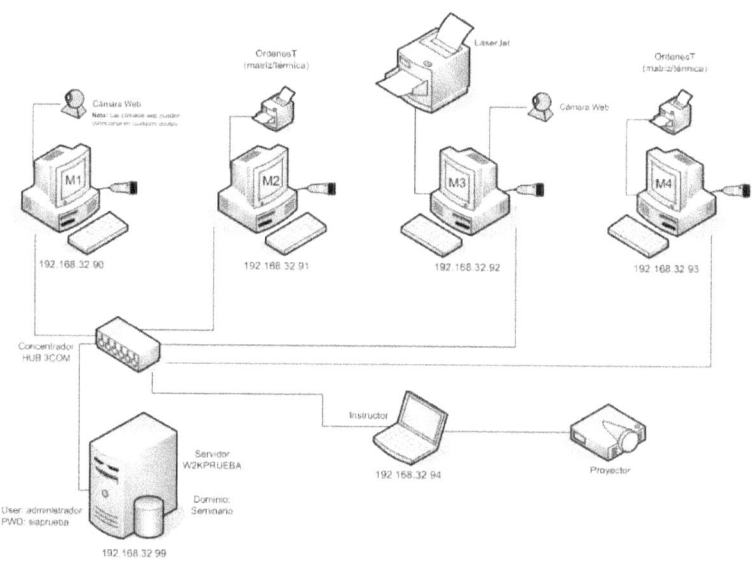

Figura 2. Esquema representativo del diagrama de conexión del equipo de capacitación.
Elaboración propia.

Las pruebas previas que estuve realizando desde el corporativo fueron un éxito, tuve oportunidad de operar y aprender mejor el uso de cada módulo del sistema y comparar ambas versiones, lo cual me permitió entender esas diferencias y mejorar las presentaciones electrónicas, además de tomar imágenes de pantalla que me permitieran contar con un apoyo visual para demostrar mejor el uso del sistema antes de entrar a la parte de las prácticas con los equipos de cómputo.

En marzo del 2006 se autorizó mi viaje a la ciudad de Oaxaca para realizar mi segunda capacitación con este sistema de sucursales con inventario, en esta ocasión tenía la ventaja de que ya conocía al gerente de esa sucursal, digamos que se llamaba Omar, nos habían presentado en un evento por parte de la red de puntos de venta, además de que en los seminarios de las sucursales sin inventario había capacitado a la responsable de esa unidad de negocio que tenía poco de haber abierto en Oaxaca, le llamaremos Mariana. Envié mis equipos de cómputo asignados para las prácticas perfectamente empacados y realicé mi trámite de viáticos y boletos de avión para emprender este nuevo capítulo en el plan de trabajo.

Cuando llegué a la sucursal en Oaxaca me recibió Omar y me indicó que ya estaban las cajas en la sala de capacitación que contaba con suficientes mesas y sillas para montar el equipo además del proyector, por lo general movía las mesas para acomodarlas en forma de herradura pegadas hacia la pared de manera que quedaba un buen espacio para el acomodo de las sillas y las prácticas con el personal de la sucursal, sin perder tiempo comencé con la instalación para montar la pequeña red de cómputo con la configuración de las direcciones IP que se requerían, la instalación de las impresoras térmicas, los escáneres y los materiales adicionales que se ocuparían para las prácticas posteriores. Realicé algunas pruebas de impresión y de conectividad que fueron satisfactorias, por lo que asumí que todo estaba listo para iniciar con mi segunda capacitación del sistema de sucursales con inventario y dejar atrás el fracaso anterior.

Iniciamos la capacitación de acuerdo con el plan que ya tenía actualizado con mi metodología, Omar me apoyó en esa sesión con una breve charla de bienvenida y sobre la importancia de la capacitación para el cambio del sistema. Comencé con mi primera presentación con el tema del módulo de clientes que se llevó sin mayores contratiempos, en realidad era un módulo sumamente sencillo de manejar al igual que el módulo de pedidos, esos dos primeros módulos los impartía juntos para que los colaboradores tuvieran una continuidad del tema y que al momento de hacer las prácticas se pudiera contar con el material necesario para comenzar a hacer los pedidos de prueba.

Hasta aquí todo iba muy bien, les pedí que pasaran a los equipos de cómputo y que los encendieran, una vez que estuvieron todos listos les indiqué el icono que debían seleccionar para abrir el sistema, enseguida les asigné sus usuarios y contraseñas para ingresar y ahí comenzaron los problemas. Todas las computadoras marcaban error de conexión a la red, no ingresaban al sistema, dependíamos de la conexión a la base de datos en el corporativo para hacer las prácticas. Revisé de nuevo toda la instalación esperando que algo estuviera mal conectado, las computadoras entre sí tenían conexión, pero no había salida hacia la red externa, llevé a cabo otras pruebas de conectividad que resultaron negativas, había un problema con el canal de comunicación. Me comuniqué con mi jefe para ponerlo al tanto de la situación y la respuesta que recibí fue *"arréglalo como puedas, se tiene que impartir esa capacitación"*.

Sin tener otra opción de momento, opté por realizar una pausa en la capacitación con los colaboradores y le pedí a Omar un momento de su tiempo para explicarle la situación que se estaba presentando y que a nivel técnico la solución estaba por completo fuera de mis manos. Le hice una demostración del error que se presentaba y que al no contar con la correcta conexión no tendríamos oportunidad de realizar las prácticas con el sistema.

Estuvimos analizando posibles escenarios hasta que llegamos a la mejor alternativa, les daría a los colaboradores de cada área la capacitación teórica con mis presentaciones mejoradas del sistema, aprovechando que contaba con imágenes de las pantallas de cada módulo y de los principales aspectos y políticas de la operación, eso ayudaría en parte a tener un acercamiento al sistema. En cuanto a las prácticas, acordamos que los trasladaríamos a la sucursal sin inventario de Oaxaca, la interfaz de usuario de ambos sistemas era idéntica, así como la mayoría de los módulos de operación, lo único que cambiaba eran algunos procesos de la parte extendida para el manejo de inventarios, pero la solución era bastante buena para realizar suficientes prácticas.

Pusimos manos a la obra y reagendamos el plan de trabajo de manera que las exposiciones teóricas se darían por la mañana y después de la comida iríamos a la otra sucursal a realizar prácticas sobre el módulo que habíamos visto, aunque había un riesgo ya que no era una simulación de la operación, en realidad iban a operar el sistema.

Ya en la sucursal sin inventario tuve la fortuna de contar con el apoyo de Mariana a quien Omar y yo le explicamos la situación que se había presentado, ella conocía muy bien el sistema y mostró mucha disposición para ayudarnos con la capacitación de sus compañeros a pesar de los límites de esa versión del sistema, comenzaron con las prácticas y los colaboradores se mostraron entusiasmados de utilizar el sistema, aunque con ciertas precauciones e incertidumbres, pero cuando se dieron cuenta de la facilidad ellos mismos pidieron atender a los clientes y usar el sistema bajo la supervisión de Mariana, yo por mi parte les daba indicaciones de los puntos que debían considerar para la operación específica de la sucursal con inventario y los cambios que iban a encontrar en su versión del sistema.

A pesar del fracaso inicial que se había presentado con las fallas técnicas en la conexión de red hacia la base de datos centralizada, logramos en conjunto superar ese inconveniente y cambiamos el enfoque de la capacitación para transformarla aún dentro de las limitantes en una sesión exitosa, el resto de los días del plan de trabajo se realizaron de la misma manera y pudimos desarrollar el ciclo completo de capacitación y prácticas de acuerdo con el nuevo programa, sorteamos el obstáculo y finalizamos con todo el personal habiendo practicado con el sistema.

Me despedí de Omar y su equipo después de nueve días de sesiones de capacitación, pero seguía pensando que la situación que se presentó, aunque no estuvo en mis manos, sí la consideré como un fracaso, regresé a León con un sentimiento de satisfacción y con una nueva perspectiva para mejorar la siguiente capacitación que ya estaba programada, la sucursal de Chihuahua.

Conclusión

Los aprendizajes que nos dejan los fracasos son invaluables si sabemos identificarlos y entenderlos para transformar el enfoque y lograr los objetivos que nos planteamos; cambiar la perspectiva del fracaso ayudará a perseverar para finalmente alcanzar lo que se desea (Maxwell, 2015), y en este caso así lo hice.

Las presentaciones electrónicas prácticamente ya no sufrieron cambio alguno, estaban más que revisadas y verificadas contra el sistema. En cuanto a los equipos de cómputo, la configuración de la red y los accesorios también verifiqué la forma de instalarlos y aseguré que no se tuvieran que hacer cambios en ese aspecto. El mayor cambio y la solución que encontré fue que no podía depender de la base de datos centralizada en el servidor del corporativo, ya que eso implicaba un riesgo futuro al estar en otras sucursales y habiendo realizado otros planes de trabajo, yo sabía que un riesgo para el proyecto es un riesgo para la empresa. Pedí apoyo a mis compañeros de equipo para instalar la base de datos directamente en mi computadora portátil, convirtiéndola así en mi propio servidor y con la nueva configuración todos los equipos de la red se direccionarían a mi máquina, por lo que ya no tenía dependencia del corporativo y podía montar mi sala de prácticas de forma independiente a cualquier otra instalación de las sucursales o de la compañía.

El resto del 2006 y hasta el 2008 continué realizando estas capacitaciones para el cambio de sistema en todas las sucursales con inventario, fueron en total 26 unidades de negocio a las que viajé para capacitar al personal en 22 ciudades de México, además de la capacitación en las sucursales en Guatemala y El Salvador que utilizaron el mismo modelo de negocio.

Ese sutil cambio tecnológico con la base de datos permitió que 24 de las 26 sucursales restantes contaran con una capacitación productiva entre los colaboradores alcanzando un 92.3% de éxito en el proyecto, además de que toda esa experiencia en México favoreció las capacitaciones para las sucursales en Centroamérica. En ese proyecto logré capacitar alrededor dos mil colaboradores en un periodo de tres años.

El valor del fracaso no depende del fracaso en sí mismo, depende de la forma en que se asimile y de la perspectiva o enfoque con la que se enfrente a partir de que se ha identificado, así como de las acciones que se ejecuten de forma concreta para dar solución al problema; en las organizaciones se buscan siempre los resultados positivos y cuando estos son contradictorios por lo general hay consecuencias.

A continuación, enlisto cinco puntos que serán de suma utilidad para enfrentar, gestionar y capitalizar el fracaso:

- **Admitir la posibilidad del fracaso:** este punto es el más difícil de asimilar, pero es el que mayores posibilidades dará a la organización de aceptar que se pueden cometer errores y tener fallas, siempre y cuando se tenga la disposición de aprender de ellas.
- **Cambiar la mentalidad organizacional:** modificar la forma de enfrentar los fracasos en los diversos proyectos que tienen los colaboradores, los líderes de equipo, los directivos, dueños de

empresa y hasta miembros de los consejos administrativos dentro de sus empresas.

- **Establecer una cultura de aprendizaje**: transformar la perspectiva organizacional e instituir una política de aprendizaje continuo sobre los fracasos, esto permitirá rescatar a colaboradores valiosos para la compañía que pudieran ser despedidos por una falla o error, así como evitarles algún castigo por ese hecho.
- **Implementar acciones de impacto positivo**: fomentar, con base en el aprendizaje de los errores, los cambios dentro de la organización a partir de diversos planes, actividades o estrategias que generen impactos positivos en el negocio.
- **Promover la identificación de soluciones**: identificar, a partir de las fallas o fracasos, diversas soluciones y alternativas que generen innovación, disrupción y transformación organizacional, así como explorar nuevas estrategias de negocio.

Años después en una reunión de capacitación nacional en la que impartí ciertos temas de actualización de este sistema, estaban presentes los jefes de almacén de diversas sucursales, durante un receso me encontraba con un grupo donde comentábamos sobre el nuevo sistema y cómo estaba operando, me hacían varias preguntas y yo les respondía con certeza y sin dudar sobre los diferentes módulos; entre ellos estaba el jefe de la sucursal Aragón que de momento comentó entre todos nosotros sobre su experiencia en la capacitación del sistema; "*una vez nos tocó un muchacho que la verdad no sabía nada, nosotros sabíamos más que él de la operación*", en seguida identifiqué esa situación y me acordé de esa experiencia, que para esa fecha ya había convertido en éxitos, lo interrumpí sutilmente y le dije con voz firme pero serena, "*yo conozco a ese muchacho*", todo el grupo guardó silencio y me volteó a ver expectante, al saber que tenía toda su atención continué diciendo: "*ese muchacho, era yo*".

CAPÍTULO 8:

Servicio al Cliente "Con Mucho Gusto"

En el 2018 PwC publicó el estudio "Experience is everything: Here's how to get it right" donde señala que uno de cada tres consumidores (32 %) dice que se alejará de una marca que ama después de una sola mala experiencia. Esta cifra aumenta en América Latina con un 49%.

"Si las empresas reconocieran a sus clientes como sus potenciales socios de negocio, el servicio al cliente sería de clase mundial."
Rafael Cortés Acosta

El servicio al cliente es una actividad que todas las empresas consideran en su operación, sobre todo cuando hay de por medio una interacción, ya sea personal o con medios digitales, con un prospecto, consumidor, usuario o cliente. Por lo tanto y en primera instancia, quiero establecer un marco histórico y conceptual del servicio al cliente que me parece muy interesante compartir con el lector.

No se tiene formalmente documentado en qué momento se comenzó a realizar esta actividad, los primeros datos que se tienen vienen de la época de la revolución industrial (1760-1820), con la creación de las fábricas y las líneas de producción, nacen los primeros equipos de servicio al cliente como el principal y más rápido medio de atención al consumidor mediante la comunicación cara a cara. Tampoco se tiene identificado quién inventó el término del servicio al cliente, sin embargo, se considera que, con la invención y patente del teléfono en 1876, se le otorga a Alexander Graham Bell el título de manera extraoficial ya que este invento sentó las bases para llevar el servicio al cliente a otro nivel.

El servicio al cliente y la atención al cliente son dos términos que suelen confundirse o utilizarse como si fueran uno solo, desde mi perspectiva, la mejor explicación al respecto es la que señalan los autores del libro *"Delivering Quality Service"* (Valarie A. Zeithaml, A. Parasuraman y Leonard L. Berry) publicado en 1990 y que sigue vigente a la fecha. Ellos señalan que para brindar un servicio al cliente primero debe establecerse una promesa de servicio, y la compañía debe comprometerse a cumplirla. Además, brindan una clara separación de ambos términos, indicando que el servicio al cliente corresponde a una estrategia de negocio que implica varias acciones para conseguir y mantener la satisfacción de sus clientes o consumidores, mientras que la atención al cliente corresponde a la aplicación de dicha estrategia y en donde los empleados son parte fundamental del cumplimiento de la promesa de servicio.

Para cerrar con este marco conceptual me parece preciso comentar la definición de la satisfacción del cliente por parte de la norma ISO 9001, que señala que es "*el resultado de comparar las expectativas del cliente con respecto a los productos y servicios e imagen que le brinda una marca, con el valor percibido después de recibidos*". La norma ISO 9001 es un estándar internacional que proporciona los principios que garantizan las acciones que debe implementar una organización, para satisfacer a los clientes e incluso a las partes interesadas en dicho proceso.

Habiendo establecido este breve marco introductorio tanto histórico como conceptual, tenemos la pauta para continuar con el tema central de este capítulo, la estrategia de servicio al cliente "con mucho gusto".

En una de las empresas donde laboré, el departamento de servicio al cliente era conocido simplemente como SAC y todos nos referíamos a esa área con ese acrónimo, haciéndose un tanto impersonal y perdiendo el verdadero sentido y misión de atender a los clientes.

En sí mismo el término de "servicio al cliente" ya se encuentra bastante desgastado debido a las experiencias malas o desafortunadas que en algún momento todos nosotros como clientes hemos recibido, me parece que nadie se salva de experimentar esa situación. Por otro lado, también hay un paradigma dentro de las empresas y sus empleados donde el servicio al cliente lo deben llevar a cabo los departamentos que tienen relación personal y directa con un consumidor o cliente final. Si su organización cuenta con este paradigma es necesario romperlo inmediatamente, recordemos el capítulo 5 de este libro.

Durante el año 2012 tuve la oportunidad de asesorar a una empresa comercializadora de calzado en la ciudad de Torreón, en el estado de Coahuila, México; fue un proyecto que empezó con la elaboración del manual de políticas y procedimientos para las tiendas en todas sus líneas de producto y que aplicaba tanto para los puntos de venta en Torreón, como para los que se tenían en Saltillo, Gómez Palacio y Durango, con proyección de abrir en aquél momento tiendas en Monterrey y Chihuahua, por lo que la documentación debía estar estandarizada.

En ese año estaba en marcha el proyecto de abrir una nueva y muy grande tienda en Saltillo, lo que implicaba contratar una extensa plantilla de empleados para la sala de ventas y para el área de almacén que constaba de dos pisos. Los primeros colaboradores que se contrataron fueron los que formaban el equipo de supervisores para las diferentes áreas: sala de ventas, cajas, aparadores, almacén y servicio al cliente.

Como parte de la estrategia mientras continuaba la adecuación de la tienda y los detalles finales, se trasladó al equipo de supervisores a Torreón para que llevaran a cabo su capacitación directa en tiendas con los supervisores que tenían más tiempo en la empresa y que manejaban las diferentes líneas de producto que eran "Family", "Sport", "Urban" y tiendas de marcas con las que tenían acuerdos de licencias para su venta. Un mes antes de la apertura programada, el equipo ya estaba integrado y realizando sus capacitaciones para conocer la operación de las tiendas y conocer las características de los diversos artículos ya que la nueva tienda en Saltillo, por su gran tamaño, contaría con todas las líneas de producto en la misma unidad.

En cierta ocasión juntamos a todo el equipo nuevo a una sesión de capacitación para comentar con todos ellos varios aspectos de la empresa, de sus impresiones durante su estancia en las tiendas y retroalimentación general para la apertura y operación de la nueva unidad de negocio. Al terminar la sesión acordé con todo el equipo de supervisores continuar con la interacción e intercambio de experiencias y decidimos entre todos ir a comer al restaurante "Las Alitas". Yo no conocía ese negocio en aquel momento, pero me agradó la idea de probar esa alternativa y sobre todo para convivir con el nuevo equipo de trabajo que se estaba formando; llegamos en diferentes automóviles al lugar, nos estacionamos y esperamos a que estuvieran todos reunidos para entrar.

Cuando estuvimos listos, nos dirigimos a la puerta y noté que el guardia de seguridad se acercó y nos abrió la puerta para que entráramos; cuando pasé junto a él lo miré y le dije "*¡Gracias!*", casi de inmediato respondió, "*Con mucho gusto*". En ese momento no le di mayor importancia, solo pensé que era una persona con actitud amable y que tanta falta hacen en la mayoría de los negocios.

Nos atendieron inmediatamente, juntaron las mesas necesarias, acomodaron las sillas, nos sentamos, pusieron los cubiertos y nos entregaron las cartas con el menú. Una de las supervisoras que nos acompañaría en la comida se había retrasado, por lo que cuando llegó, acomodaron para ella una silla adicional en la mesa, pero no pusieron sus cubiertos. Al darme cuenta busqué a una mesera y le hice una seña para que se acercara, vino conmigo y le pedí si podía poner un juego de cubiertos a la persona que había llegado, ella me contestó con una sonrisa y me dijo, *"Con mucho gusto"* y se alejó para realizar esa petición.

Dejé un tanto de lado la conversación con mi grupo y comencé a observar al personal de todo el restaurante y la forma en que atendían al resto de los comensales. Noté entonces una característica especial en el servicio, algo que estaba yo suponiendo de forma interna, pero que comencé a constatar, el personal mostraba una actitud muy positiva con el servicio, una sonrisa al atender en las mesas y respondiendo a todo *"con mucho gusto"*. Opté por comprobar esta característica, solicité una bebida a uno de los meseros que pasó cerca de nuestra mesa pero que no nos estaba atendiendo a nosotros, él respondió *"claro, con mucho gusto"*.

A partir de ese momento comencé a estudiar discretamente al personal que atendía el lugar y observé que todos respondían de la misma forma en diferentes momentos del servicio, era una frase recurrente: *"Con mucho gusto"*.

El servicio al cliente es una actividad que suele ser marcada como prioridad en la mayoría de los negocios que tienen relación con clientes, más no en todos suele tener la debida importancia y seriedad en cuanto a un verdadero servicio al cliente, el cual debe ser con calidad, calidez y certeza. El servicio al cliente no sólo es atenderlo frente a frente, a través de un teléfono o en la actualidad con los medios digitales y redes sociales, va más allá que dar una respuesta o brindarle lo que solicita, significa hacerlo sentir verdaderamente atendido e importante dentro de un contexto diferente al de su diario quehacer; el servicio al cliente debe ser parte de una experiencia completa, de sensaciones, emociones y vivencias que empiezan incluso desde la entrada al lugar (como con el guardia que nos abrió la puerta) e incluso con el mismo lugar del negocio: instalaciones, ambientación, uniformes del personal, detalles propios o característicos de la marca, espacios físicos, música ambiental, accesibilidad e incluso la ubicación y hasta la facilidad de estacionamiento. Es una experiencia sensorial e integral.

En el caso de este restaurante, el servicio al cliente estaba enfocado en una atención con respeto, rapidez y excelente actitud por parte de los meseros y del personal en general, eso no podía ser otra cosa más que una estrategia de capacitación por parte de la empresa, la cual estaba muy bien implementada ya que consideraba a todo el personal, desde la entrada al local y durante toda la atención a los comensales hasta su despedida.

Más adelante, cuando fue la apertura de la nueva tienda en Saltillo, tuve la oportunidad de ir a comer una vez más a "Las Alitas" en esa ciudad, principalmente para constatar si ahí también tenían ese mismo servicio a los clientes. La experiencia fue similar, el personal brindaba el servicio y atención a los comensales "*con mucho gusto*".

Pude corroborar que tenían un plan de capacitación enfocado a la calidad de servicio hacia el cliente y que seguramente abarcaba todas las ubicaciones de ese negocio, al menos en esas dos que tuve la oportunidad de visitar.

En el transcurso de los años llegué a escuchar esa misma frase de atención al cliente en otros lugares, pero por alguna razón no tenía el mismo fondo ni el impacto que me representó en aquel restaurante, había algo que faltaba y lo único que pude concluir es que era esa sensibilidad y pasión por servir a los clientes de una forma que les hiciera sentir totalmente atendidos, si bien no todos los clientes identifican o valoran esa clase de servicio, el hecho de llevarlo a cabo es apreciado, al menos de manera inconsciente.

Posteriormente a esa experiencia de primera mano, utilicé este ejemplo como caso de éxito en los cursos de servicio al cliente que impartí para el personal de diversas empresas y giros comerciales, haciendo énfasis en que si las empresas reconocieran a sus clientes como sus potenciales socios de negocio, el servicio al cliente sería de clase mundial y complementando que cuando damos un servicio al cliente "*con mucho gusto*", también genera en la persona que lo realiza una sensación de que está haciendo las cosas, en verdad, "*con mucho gusto*".

A continuación, comparto tres enfoques que toda organización debe considerar al momento de establecer una estrategia de servicio al cliente, así como su consecuente implementación y seguimiento para la satisfacción total de sus clientes:

Servicio al Cliente como Estrategia de Negocios

El servicio al cliente debería considerarse como una estrategia de negocio en todas las organizaciones, comenzando entre los propios empleados bajo el concepto de que los diferentes departamentos son clientes internos y proveedores entre sí, hasta el enfoque total y pasión por la atención a los clientes que hacen que los negocios prosperen a partir de la adquisición de productos y servicios, de recomendaciones o preferencias.

Servicio al Cliente como Política Organizacional

El nuevo paradigma de servicio al cliente a lo largo de toda organización debe implicar que todas las personas necesitan enfocarse en proporcionar lo que los clientes quieren; incluso quienes no tienen contacto directo con los clientes (Connellan, 2004), este enfoque requiere un cambio completo de mentalidad en la organización y un ambicioso plan de capacitación y actualización que esté centrado en los clientes.

Servicio al Cliente en la Estrategia de Capacitación

Para lograr el cumplimiento de la promesa de servicio que establecen las empresas hacia sus clientes, es necesario e indispensable contar con la participación de todos los colaboradores, especialmente de aquellos que tienen una relación directa, personal o virtual, con los clientes o consumidores de sus productos o servicios, por lo tanto, los planes de capacitación deben considerarse como un tema estratégico para la organización.

Estoy seguro que el lector podrá identificar negocios o marcas que le han brindado un excelente servicio como clientes, con calidad, personalización, sensibles a sus necesidades y probablemente con una fantástica experiencia como usuario, aunque si hiciéramos un ejercicio es más seguro que recordemos las malas experiencias de servicio que las que nos dejaron satisfechos, y estoy aún más seguro que hemos comentado ese mal servicio entre nuestro círculo de amistades o compañeros de trabajo, teniendo relación con el estudio de PwC indicado al inicio de este capítulo.

De hecho, otra publicación de PwC titulada *"La experiencia lo es todo: 5 pilares para entregar una experiencia del cliente satisfactoria"* señala que independientemente del modelo de negocio o tipo de industria, existen 5 pilares fundamentales para entregar una experiencia satisfactoria al cliente, uno de estos pilares es el entendimiento de las decisiones que toman los clientes y que llegan a determinar su lealtad como consumidor hacia una empresa; en esos estudios realizados por PwC, más de un 60% de los consumidores cambiaría de proveedor si recibe un mal servicio o una mala actitud por parte de los colaboradores que lo atienden cuando adquieren un bien (PwC, 2020).

Conclusión

"La calidad y servicio al cliente son fundamentales
para diferenciar el éxito de las empresas."
Rafael Cortés Acosta

Desde nuestro rol como clientes, todos tenemos historias que contar, algunas serán buenas experiencias, otras serán relatos de terror y el resto quizá pasen desapercibidas, pero al final todas representan el servicio al cliente en diferentes facetas, adicionalmente también debo mencionar que la calidad del servicio es percibida y por tanto definida por el cliente o consumidor, nunca por la empresa, de hecho, a partir de los resultados de las encuestas de servicio al cliente es que cada organización debe analizar los datos de cada respuesta para implementar estrategias que permitan mejorar ese servicio.

En la actualidad con la fuerte tendencia de transformación digital se pueden encontrar herramientas que realicen esa tarea y permitan a las organizaciones tomar mejores decisiones para alcanzar la satisfacción total y exceder las expectativas de los clientes; no es mi objetivo analizar o enlistar esas herramientas, me parece más relevante enfatizar la importancia de que las empresas cuenten con un programa excepcional de servicio al cliente para tenerlos encantados, contentos y satisfechos. En definitiva, los clientes felices no son resultado de accidentes felices, son consecuencia de planeación detallada, trabajo en equipo sin contratiempos y ejecuciones sin defectos (Connellan, 2004), es una realidad que la calidad y servicio al cliente son fundamentales para diferenciar el éxito de las empresas.

Implementar un plan de capacitación orientado al valor del servicio al cliente es fundamental en todas las organizaciones, siempre y cuando no se pierda el enfoque de que todo el personal debería participar de esos conceptos y entrenamiento, porque el servicio al cliente también se debe practicar bajo diversas perspectivas o casos de estudio, por ejemplo, cuando por alguna situación de trabajo nos corresponde atender a un cliente que resulta complicado o difícil, por lo que además de un buen entrenamiento, la empatía también sería una herramienta indispensable en el trato personal. Y desde una perspectiva de formación más amplia dentro de las organizaciones, coincido con el mismo Tom Connellan que menciona que una parte de cada sesión de capacitación debería tratar sobre satisfacción y retención de clientes (2004, p.114).

Para terminar, en enero del 2023 visité de nuevo este restaurante "Las Alitas" pero en su ubicación en la ciudad de León, en parte para constatar si después de estos 10 años que han transcurrido desde mi experiencia positiva de servicio al cliente con ellos, aún mantenían esa estrategia clave entre sus empleados. Al entrar al local la "*hostess*" me recibió y me llevó a una mesa disponible, le agradecí y se retiró sin decir nada; el mesero que se presentó para preparar la mesa me indicó algunas recomendaciones, le agradecí y también se retiró solo indicando que en un momento regresaba. Lo primero que pensé es que después de tanto tiempo seguramente las personas que implementaron esa estrategia de servicio habían cambiado y que se había diluido con los años ese aspecto del servicio, sin embargo, en cuanto me tomaron mi orden y agradecí de nuevo al mismo mesero, sucedió que me respondió "*con mucho gusto*".

Continué observando al personal y haciendo el mismo ejercicio durante toda mi estancia, si lo manejara como un marcador el resultado final sería, 5 a 3 siendo ganadores los empleados que no respondieron con la frase "*con mucho gusto*". Al pagar la cuenta pregunté al mesero sobre esa respuesta que daban como servicio al cliente y me indicó que de acuerdo con su capacitación solo debían responder cuando el comensal les daba las "*gracias*", situación que me pareció incongruente ya que al menos en cuatro ocasiones que agradecí, no recibí esa respuesta.

Por lo anterior, para mantener, ya no digamos un excelente, sino un buen servicio al cliente, deben considerarse los siguientes aspectos para que sean considerados como parte esencial de la operación del negocio:

- Un **plan de capacitación constante**, ya que los empleados que están enfocados en el servicio al cliente por lo general tienen un alto índice de rotación, por lo que la capacitación se convierte en un aspecto preponderante para mantener vigente la promesa de servicio al cliente.

- Un **método de seguimiento** posterior a la implementación del plan de capacitación con el personal actual o de nuevo ingreso, se deben establecer las métricas de servicio y contar con un esquema de encuestas de satisfacción y manejo de quejas, estableciendo un canal de comunicación y retroalimentación con el cliente.

- Una política de **supervisión personal** por parte de los responsables de unidades de negocio hacia este tipo de estrategias para asegurar que el personal cumpla con las actividades y promesa de calidad en el servicio y atención al cliente.

Es importante recordar que el servicio al cliente no es un proceso estático, las empresas deben estar en constante evolución y adaptarse a los cambios en el mercado y las necesidades de los clientes. Además, es necesario que todos los empleados de una empresa comprendan la importancia del servicio al cliente y trabajen juntos para lograr este objetivo. En resumen, el servicio al cliente es una parte fundamental de cualquier negocio y ofrecer un servicio excepcional puede marcar la diferencia entre el éxito y el fracaso.

CAPÍTULO 9:

Valores en los Equipos de Trabajo

En el estudio de PwC titulado "Workforce of the future. The competing forces shaping 2030" el 25% de las 10,029 personas encuestadas consideran que un empleador ideal en países como China, Alemania, India, Reino Unido y los Estados Unidos es una organización con valores que coincidan con los suyos.

"Los valores en los equipos de trabajo fomentan el logro de los resultados esperados y planificados."
Rafael Cortés Acosta

Puede resultar muy trillado indicar que en todas las organizaciones hay equipos de trabajo y que en algunas los denominan como equipos de alto desempeño o simplemente que se forman equipos para realizar ciertos proyectos que pueden ser interdepartamentales o interdisciplinarios e incluso que los directores generales cuentan con su propio equipo directivo; considerando este enfoque podemos conceptualizar de forma sencilla que un equipo de trabajo es un pequeño número de personas que con conocimiento y habilidades complementarias, unen sus capacidades para lograr determinados objetivos y realizar actividades orientadas hacia la consecución de los mismos (Ander-Egg, 2001). Esto nos lleva a establecer que un equipo de trabajo pequeño debe ser no mayor a 12 personas de ser posible; de hecho y solo por contar con una referencia, Jeff Bezos indica que "*si no puedes alimentar a tu equipo de trabajo con dos pizzas, es demasiado grande*".

Los equipos de trabajo en las organizaciones son células indispensables de vida y convivencia para el desarrollo del negocio, suelen ser unidades de desempeño poderosas y versátiles, pero también difíciles de predecir, controlar e integrar a un sistema organizacional equilibrado y con enfoque hacia el liderazgo (Katzenbach, 2000). Forman parte de un ecosistema laboral en el que se requiere contar con diversas habilidades, conocimientos e incluso actitudes para cumplir las metas establecidas. La comunicación por parte del equipo directivo sobre esos objetivos debe ser abierta y clara para no dejar dudas sobre las acciones y caminos que deben seguir los colaboradores, la visión a futuro también es determinante para lograr esos propósitos.

Contar con la tecnología adecuada, los procesos vigentes documentados, el personal correcto en el lugar correcto, el soporte oportuno de las áreas de recursos humanos, sistemas o mantenimiento, el equipamiento necesario para la operación, los insumos para la manufactura o los productos para la venta, las relaciones con los proveedores así como las instalaciones funcionales y adecuadas (con la pandemia este elemento tuvo otro enfoque para muchas organizaciones), son factores primordiales para la ejecución diaria de todos los colaboradores. Es muy claro y me atrevería a decir que hasta repetitivo mencionar que el mayor activo de las organizaciones es el capital humano, eso ya lo sabemos, pero lo que debe ocupar ahora a los líderes es la importancia que tienen los valores personales alineados a los valores de las compañías para mantener una relación sana, estable y duradera entre colaboradores y empresas; como lo menciona Arturo Elías Ayub (2021, p.149), si algo es fundamental en la vida y los negocios son los valores; son estos los que forjan a las personas y, por consecuencia, a las empresas.

Durante las últimas dos semanas del mes de febrero del 2019, estuve impartiendo un curso denominado Ventas Efectivas. Como parte del trabajo con los elementos básicos que debe tener un vendedor, un responsable de área o un departamento de ventas, preparé una actividad para aplicar junto con todos los participantes para identificar los valores que se deben desarrollar, compartir y vivir en esa función, aprovechando que casi el grupo completo era de la misma organización, a pesar de haber sido un curso abierto al público.

Los valores están relacionados con las creencias o apegos morales que las personas o grupos sociales construyen para orientar y darle sentido a las actividades que llevan a cabo, de manera que puedan establecer relaciones interpersonales positivas.

La metodología que desarrollé y apliqué para este grupo es una actividad que, si es dirigida de forma conveniente, le dará al facilitador una herramienta que servirá como dinámica de integración y colaboración, además de la identificación de primera mano de los valores que ese equipo de trabajo reconoce que son importantes para ellos y para el desarrollo de sus actividades y objetivos por alcanzar.

En esa sesión del curso formamos equipos de trabajo, enseguida instruí a los participantes que identificaran al menos 10 valores que deben de tener los equipos de ventas. En el grupo había 20 personas, por lo que el resultado final sería una lista conjunta de al menos 200 valores, muchos de esos valores es claro que estarían repetidos, mientras el resto se enlistarían prácticamente de forma individual. Al revisar los resultados encontré que el total distaba mucho del listado de los 200 valores que esperaba, pero teníamos material suficiente con el que podríamos trabajar.

Después de esta primera actividad, realizamos una sesión plenaria entre los equipos de trabajo en donde el objetivo fue identificar los 10 valores más importantes para las ventas. El resultado final al concluir este ejercicio fue el registro de 33 valores diferentes que están relacionados con la actividad de las ventas, de acuerdo con los diversos puntos de vista y comentarios de los diferentes equipos de trabajo que se formaron. Tanto los equipos como algunos participantes tuvieron que defender con argumentos porqué deberían estar incluidos ciertos valores, lo que permitió establecer un sano debate de intercambio de puntos de vista que fortaleció la relación de trabajo entre todos los participantes.

Después del consenso general con todo el grupo y de su aprobación, identificamos los 12 valores más importantes en los que coincidimos que deben ser los primordiales; por supuesto eso no significa que el resto de los valores no se requieran en la actividad de las ventas, solo es que los que fueron seleccionados tienen un mayor impacto en la función, desarrollo y resultados de los vendedores.

El listado final en orden alfabético de los valores identificados en ese ejercicio fue el siguiente:

1. Compromiso
2. Comunicación
3. Empatía
4. Ética
5. Honestidad
6. Integridad
7. Lealtad
8. Motivación
9. Puntualidad
10. Respeto
11. Responsabilidad
12. Trabajo en Equipo

El grupo identificó otro bloque de 6 valores en los que estuvieron de acuerdo que también se pueden considerar dependiendo el enfoque de cada área de ventas, digamos que a manera de complemento y son los siguientes:

- Calidad
- Confianza
- Iniciativa
- Organización
- Servicio
- Tolerancia

En total, el grupo encontró 18 valores que son importantes para el desarrollo y ejecución de un equipo de ventas o de un vendedor desde el punto de vista individual, incluso llegaron a la conclusión de que esos mismos valores deben encontrarse también tanto en sus clientes como en sus proveedores. Alcanzamos un objetivo mayor sin haberlo planteado, identificar que el trabajo o relación con otras instancias fuera de su organización también debe estar alineado con varios valores, los que podemos considerar como universales.

Es importante considerar que los valores de ventas para cada organización pueden cambiar y se ajustan de acuerdo con sus propios valores institucionales, cabe señalar que este listado es una base importante para la implementación de los valores en un área de ventas de forma genérica, además de complementar lo que indica Jürgen Klaric respecto a su visión de que un buen vendedor no debe generar miedos que lleven al consumidor a comprar por mitigarlos; por el contrario, el objetivo es conocer los temores existentes en el futuro cliente para que sea el vendedor quién le dé la solución porque las marcas que son honestas cubren las inseguridades y necesidades de los seres humanos, protegiéndolos y cuidándolos (Klaric, 2016).

Como lo comenté previamente, la mayoría de los participantes en esa sesión de capacitación pertenecían a una misma empresa, pero el resto de los asistentes, quizá unos cuatro o cinco pertenecientes a otras compañías, coincidieron con los hallazgos encontrados e incluso fue muy valiosa la aportación que realizaron ellos con una perspectiva desde otras organizaciones; al formar parte de un equipo de ventas se alinearon y amalgamaron casi de forma natural en este ejercicio para obtener el producto final.

Con este resultado y a manera de conclusión del curso, todos los participantes coincidimos que tanto los vendedores, los responsables o coordinadores de ventas y cualquier área o departamento de ventas, debe estar alineado a estos valores principales con el firme objetivo de brindar un mejor servicio y atención a sus clientes en general. De hecho, este ejercicio como estrategia puede realizarse con equipos de áreas administrativas, comerciales, de logística, tecnología o capital humano y los resultados alcanzados serían muy similares ya que el intercambio de ideas y puntos de vista nos enriquece a todos.

Llevar a cabo este tipo de sesiones y ejercicios permite también identificar otras necesidades o requerimientos por parte de los equipos de trabajo, no todas las organizaciones tienen los mismos objetivos y por tanto las estrategias pueden variar, además de que no todo en las ventas es alcanzar las metas, mejorar los ingresos de la compañía, colocar en el mercado nuevos productos o simplemente "vender más", hay muchos otros aspectos a nivel personal que se pueden desarrollar y que con toda seguridad ayudarán a las organizaciones a tener equipos más eficientes, alineados y productivos.

El punto de este capítulo no es propiamente identificar los valores en un área de ventas, digamos que es un valor añadido compartir ese listado final. El verdadero objetivo y lo que quiero resaltar es la relevancia que tiene esta estrategia para identificar y enlistar los valores con los que convive un equipo de trabajo y que son determinados por ellos mismos. Los valores corresponden a las reglas del juego, a los estándares de comportamiento, a aquello que permitirá crear un juicio de lo que es realmente importante en la vida (Ayub, 2021) y por lo tanto para las organizaciones. En pocas palabras, los valores en los equipos de trabajo fomentan el logro de los resultados esperados y planificados.

Conclusión

Prácticamente todas las organizaciones cuentan con su misión, visión y valores institucionales, que son la base de la cultura organizacional y se espera que los colaboradores los adopten.

Mi propuesta es que además de los valores fundamentales y generales de la organización, se puedan identificar los valores departamentales, que, desde mi punto de vista, permitirán al colaborador tener un mayor acercamiento y asociación con sus funciones y objetivos propios de su área de trabajo. Algunos beneficios de contar con valores departamentales son:

- Alineación con la misión y objetivo del departamento dentro de la organización.
- Obedecen a circunstancias de la operación propia del departamento.
- Reflejan las prioridades laborales del equipo.
- Dan un sentido de identidad y unidad a los miembros.
- Forman parte de una cultura departamental.

De acuerdo con la consultora Gallup, solo el 27% de los colaboradores cree firmemente en los valores de la empresa, esta desconexión tiene un impacto negativo en todo (Clifton & Harter, 2019), por lo que además de importante, se vuelve necesario y prioritario que los líderes organizacionales y los responsables de los departamentos de capital humano consideren el reforzamiento y alineamiento de los valores de la empresa con los valores de sus colaboradores.

En mi opinión, la mejor forma de lograr que todos los empleados realmente convivan y transmitan los valores de una organización es a partir de esta estrategia, donde ellos mismos sean los que realicen las siguientes actividades:

1. Identificación

De los valores con los que congenian y que están dispuestos a promover y respetar entre sus compañeros de área y con su organización.

2. Análisis

De los valores que se han identificado con el objetivo de validar si están alineados a las funciones del departamento y su rol en la organización.

3. Formalización

Aceptación, interiorización y promulgación de los valores departamentales con los que van a convivir como unidad de trabajo.

Los valores no necesariamente tienen que ser los de la compañía, como el lector pudo constatar, se puede implementar la actividad para identificar valores propios de un área de trabajo, por ejemplo, los valores de un departamento administrativo seguramente no tendrán la misma prioridad que los valores de un área de producción, de almacén, transporte o mantenimiento, las actividades son diferentes, las funciones y objetivos cambian diametralmente por lo que los valores también mantendrán esa diferencia.

Por otro lado, un mismo valor se podría identificar por parte de diferentes equipos departamentales y podría tener un enfoque o peso distinto, es decir, la conceptualización del mismo valor puede variar según las actividades y objetivos que tenga cada departamento.

También considero importante que aún con la identificación de valores distintivos a nivel departamental, es necesario que las organizaciones cuenten con valores transversales que permitan a los colaboradores mantener una orientación hacia los servicios o actividad de la empresa, así como una identidad universal que debería tener una influencia en las funciones y roles de sus empleados y un impacto en sus relaciones con clientes, proveedores y de forma interna, independientemente de las áreas y plazas en donde laboren.

Más aún, los objetivos pudieran resultar diferentes para una misma área que se encuentra separada por regiones a nivel nacional o hasta en distintos países, la cultura organizacional suele cambiar entre diversas zonas geográficas, sin embargo, si los valores se aplican de forma adecuada tendrán un impacto alto y positivo en todas las organizaciones.

CAPÍTULO 10:

El Poder de la Documentación

De acuerdo con el reporte The State of Business Process Management 2016 de Business Process Trends, solo el 4% de las empresas encuestadas documenta sus procesos de forma constante mientras que el 79% lo hace ocasionalmente; el mismo año Trainergy realizó un estudio identificando que el 14% de las organizaciones cuentan con algunos de sus procedimientos documentados, en tanto que el 7% indicó que no tiene ninguno documentado.

"La documentación que tenga claridad, efectividad y agilidad permite asegurar la supervivencia de la empresa."
Rafael Cortés Acosta

Todas las organizaciones, de cualquier tamaño y de cualquier giro, requieren para su operación contar con una serie de funciones establecidas para los puestos de trabajo que tienen asignados dentro de su estructura organizacional. Estas funciones deben estar alineadas a los objetivos e indicadores definidos en las descripciones de puestos y deben llevarse a cabo conforme a lo establecido en los procedimientos documentados para cada área operativa o administrativa de la empresa.

Sin embargo, no todas las organizaciones cuentan con sus procedimientos totalmente definidos o propiamente documentados; en algunas industrias parte del conocimiento de la operación lo tienen ciertos empleados que tienen años trabajando en el mismo puesto o departamento y han ido asimilando o perfeccionando sus tareas con la experiencia adquirida y acumulada en esos años. Pero ¿qué sucede cuando esos empleados se van de la empresa?, se llevan todo el conocimiento de las actividades que se deben realizar en ese puesto de trabajo y la empresa pierde esa experiencia, conocimiento y el impulso, debiendo en algunos casos de empezar de nuevo para reaprender esa función con otro colaborador. En el mejor de los casos, puede contar con un manual de procedimientos que fueron documentados cuando inició operaciones la empresa, pero eso fue ¿hace cuánto tiempo? Podemos expresarlo con otra pregunta, ¿están actualizados esos manuales?

De acuerdo con un estudio propio logré determinar que solamente el 14% de las organizaciones cuentan con el total de sus procedimientos documentados; recuerdo que un exdirector general adjunto de una empresa comercializadora de calzado me indicaba que ese número le parecía alto, aunque este no es el punto; contar con todos los procedimientos documentados no implica que estén vigentes o debidamente actualizados.

¿Qué ganan las empresas al contar con un manual organizacional de políticas y procedimientos?

Para empezar, debemos enmarcar estos conceptos para tener una idea más clara, Ackoff (1994, p.49) señala que un procedimiento es una secuencia de acciones que se dirigen hacia una sola meta que se sigue repetidamente, mientras que una política es una norma para tomar un curso de acción o una decisión a partir de ciertas condiciones o escenarios laborales. Igualmente tenemos el concepto del proceso, estos transforman los recursos y materiales en productos o servicios para clientes y consumidores finales. Esta "transformación" es el modo en que funciona un negocio; el elíxir mágico de la empresa (Garimella, Lees & Williams, 2008).

Tomando como base en lo anterior, aquellas empresas que se han decidido por contar con un manual de políticas, procesos y procedimientos para todas sus áreas operativas, técnicas y administrativas aseguran que sus objetivos organizacionales se vayan cumpliendo conforme las normas y acciones ejecutadas a partir de su planeación estratégica, además de identificar sus indicadores, los cuales permitirán medir de forma adecuada sus niveles de calidad y servicio a partir de sus procesos.

Beneficios y ventajas de la documentación

Entre los principales beneficios y ventajas que obtienen las organizaciones al documentar las políticas y procedimientos de sus diferentes departamentos están:

- Procesos perfectamente definidos, ordenados, de calidad y con flujo continuo.
- Alineación de los puestos de trabajo a los procedimientos establecidos.
- Establecimiento de una estructura organizacional y operativa formal.
- Identificación de indicadores de productividad y calidad de productos y servicios.
- Una herramienta disponible para consulta del personal responsable del proceso.
- Paralelamente, un manual de inducción o capacitación para los nuevos empleados.
- Factor de diferenciación competitiva en el mercado.

Si bien el proyecto de documentación o actualización de un manual de políticas y procedimientos puede llevar varias semanas de entrevistas de trabajo y revisión del documento con el personal, así como recorrido del mismo proceso en la operación, también tendrá un impacto positivo dentro del conocimiento completo de los detalles y mejores prácticas de la operación de la empresa por parte de los niveles tácticos y, sobre todo, de los gerenciales y directivos.

La realidad es que contar con manuales de políticas y procedimientos contribuye directamente al incremento de competitividad de la organización porque los conocimientos y la experiencia documentados son los cimientos para seguir creciendo (Álvarez, 2022); quienes han tenido la oportunidad de trabajar con procesos formales y actualizados en sus organizaciones saben con certeza a lo que me refiero.

Por lo anterior, las organizaciones deben mantenerse siempre en constante actualización, no solamente en aspectos de capacitación del personal, también en el modelo operativo y estratégico que están manejando, sustentado en gran medida por sus manuales de políticas y procedimientos. Aquí radica el **valor de la documentación**, es un gran poder ya que tiene una amplia gama de utilidades dentro de la organización.

En el 2017 durante la asesoría en una de las empresas que atendía, me hicieron esta pregunta: "*¿para qué sirve un manual de políticas y procedimientos?*", no me sorprende mucho la pregunta cuando viene de personal operativo o administrativo, incluso cuando la formulan directivos y gerentes de algunas organizaciones, finalmente no todos tienen esa experiencia de documentar procesos y consultar sus manuales, pero cuando esa pregunta viene de una estudiante de Ingeniería Industrial, de una reconocida institución educativa y que estaba haciendo sus prácticas en el departamento de producción, me hace pensar y constatar con mayor razón, el por qué las empresas requieren de sus manuales de políticas y procedimientos.

Por otro lado, se tiene el fuerte paradigma organizacional de que todas las políticas documentadas deben seguirse al pie de la letra y esto implica que no se deben salir del guión operativo, y en el caso de los procedimientos deben seguirse metódicamente y casi con los ojos cerrados.

Manifiesto para fortalecer el objetivo de la documentación organizacional

Desde 1994 he tenido la oportunidad de analizar, mejorar, documentar, capacitar e implementar políticas, procesos y procedimientos para empresas de diversas industrias así como de distintos departamentos de esas mismas organizaciones; en estos casi 30 años de experiencia he constatado que si bien los manuales de políticas, procesos y procedimientos, de inducción, guías de operación, manuales de usuario o de capacitación, descripciones de puestos, estructuras organizacionales, códigos de ética y en general cualquier documentación de empresa, son importantes para su operación, también se convierten en elementos esenciales de la cultura organizacional y la promoción de sus valores.

A continuación, presento un manifiesto que permitirá a las empresas fortalecer sus objetivos para implementar de forma exitosa su propia documentación organizacional:

1. **Marcar un lineamiento de operación y normatividad:** hacia los empleados, pero también hacia los equipos gerenciales, directivos, clientes, proveedores, asociados e incluso inversionistas.

2. **Orientados al cumplimiento de metas y objetivos:** deben proveer los elementos necesarios para el entendimiento de la operación y los retos del negocio.

3. **Productividad y competitividad:** brindar fortaleza y agilidad en su operación, así como en la respuesta hacia sus clientes, proveedores e incluso internamente.

4. **Trabajar de forma ordenada y disciplinada:** convertirse en herramientas que ayudan a las empresas y sus distintos departamentos a optimizar sus funciones y actividades.

5. **Comunicación abierta:** toda la documentación debe estar disponible para consulta y aplicación de los colaboradores e interesados que estén involucrados en la operación del negocio.

6. **Toma de decisiones:** la documentación clara, abierta y disponible permite contar con mejores elementos para tomar decisiones de negocio planificadas, estudiadas y oportunas para beneficio de la operación.

7. **Flexibilidad:** al contar con un cierto grado de flexibilidad de las políticas y procesos, así como de la documentación permite a los colaboradores contar con un criterio de aplicación y no llevarse a cabo de forma tajante.

8. **Claridad:** para explicar el propósito y el resultado esperado por los colaboradores, equipo directivo, consejo, clientes, proveedores e incluso de los inversionistas.

9. **Actualización constante:** toda la documentación debe tener una fecha de elaboración y fecha de la última actualización, de manera que permita tener un control de la vigencia y su validez operativa.

10. **Sentido de pertenencia:** todas las áreas y departamentos que forman el núcleo de la operación serán beneficiadas por una cultura de seguimiento al proceso que fomentará el sentido de pertenencia a la organización.

Si las empresas buscan contar con su documentación organizacional, así como con sus manuales de políticas, procesos y procedimientos que sean concretos, ágiles, con objetivos claros y muy específicos en cuanto a las responsabilidades de los puestos que deben desarrollar ciertas funciones, entonces la productividad irá en incremento, además se debe formar al personal para usar estos documentos como una guía de trabajo, las políticas como dije anteriormente, nos ayudan a mantener la normatividad de la operación, pero si se tiene el criterio y madurez suficiente de los líderes o responsables de área para ser flexibles y agilizar los procesos, entonces podremos hablar de organizaciones que cuentan en sus filas con personal que tiene la facultad de discernir sus acciones y no solo de seguir lo que dice un documento. Por supuesto que existen procesos que son críticos para las empresas como el pago de la nómina o a los proveedores y en este caso hay que seguir ciertos protocolos de acción, pero por lo general en el caso de los procedimientos administrativos, hay amplia oportunidad de hacerlos flexibles, ágiles y sencillos, disminuyendo e incluso eliminando el riesgo de la burocratización.

La documentación organizacional debe ser una guía de operación y aplicarse bajo criterios o juicios sensatos, no son leyes infranqueables e incluso, algunos procesos del negocio pueden fomentar la mejora y la innovación operativa. En el caso de los procesos y procedimientos, tienen la característica de que siempre tendrán puntos de mejora, esto gracias a los avances tecnológicos y a la innovación e incorporación de nuevas tendencias como la transformación digital, los metaversos, *blockchain*, *cloud computing*, realidad virtual o la inteligencia artificial, por mencionar algunos.

De hecho y aprovechando la nueva tecnología de conversación de inteligencia artificial, le pedí a la aplicación de *writesonic.com* que mencionara por qué una organización debe contar con un manual de políticas y procedimientos, a continuación, comparto lo que respondió:

Un manual de políticas y procedimientos ofrece a la organización una guía clara para la toma de decisiones, una estructura para la acción y una coherencia, limitando el riesgo de errores humanos y garantizando que la organización funcione de manera eficiente. Además, los manuales de políticas y procedimientos pueden aumentar la competitividad de la organización en el mercado, ya que permiten a los empleados trabajar con mayor eficiencia y rapidez (Chatsonic).

Esta apreciación resulta sumamente interesante ya que resume claramente el mayor beneficio que obtendrán las organizaciones con un enfoque no solo hacia los procesos, sino también hacia el recurso humano, la competitividad y productividad.

Personalmente considero que el verdadero valor y poder de la documentación organizacional radica en su constante actualización y publicación, mientras que la forma en que se aplica es bajo responsabilidad y criterio de los colaboradores.

Conclusión

"La correcta documentación organizacional
es la base de una empresa eficiente y exitosa."
Rafael Cortés Acosta

Cada uno de los directores o ejecutivos con los que he colaborado está convencido de la necesidad real de integrar esta herramienta de documentación, no solo para contar con sus procesos debidamente identificados, documentados y vigentes, también para utilizarlo como un elemento de inducción, capacitación y actualización del personal para lograr que la operación sea ágil, efectiva, segura y productiva.

Cuando las políticas, procesos y procedimientos son efectivos, son más coherentes, generan menos pérdidas y crean un valor neto mayor para los clientes, además de convertirse en herramientas con las que se forja el éxito empresarial (Garimella, Lees & Williams, 2008); con este enfoque aseguramos que todas las organizaciones se permitan encontrar realmente la calidad de sus procesos, productos y servicios para la satisfacción total de sus clientes y consumidores finales. En consecuencia y sin importar el giro, tamaño o antigüedad de una organización, todas pueden documentar sus políticas y procedimientos (Álvarez, 2022). En pocas palabras, la documentación que tenga claridad, efectividad y agilidad permite asegurar la supervivencia de la empresa.

La creación y mantenimiento de la documentación organizacional y específicamente de los manuales de políticas y procedimientos, es una necesidad imprescindible para cualquier organización. El manual asegura que todos los miembros de la organización comprendan las reglas y los procedimientos que rigen las operaciones. Esto garantiza que los empleados tomen decisiones acertadas proporcionando una guía para la acción en momentos de incertidumbre, disminuyendo el riesgo de posibles errores.

Por lo anterior, los manuales organizacionales representan una forma de garantizar que cualquier negocio trabaje de manera eficiente y, por lo tanto, sea más productivo y competitivo en el mercado; la correcta documentación organizacional es la base de una empresa eficiente y exitosa.

Epílogo

La suma de los valores organizacionales es un factor esencial para construir una cultura de empresa que resulte atractiva para sus colaboradores, además de fomentar el desarrollo personal y profesional en todos los niveles, permitiendo de esta forma aportar para el cumplimiento de los objetivos y metas establecidas.

Los valores organizacionales son aquellos principios éticos y morales que guían las acciones y decisiones de toda organización. Son fundamentales para establecer una cultura corporativa sólida y coherente que permita a la empresa alcanzar sus objetivos de manera sostenible y además de forma responsable.

Sin embargo, los valores organizacionales no sólo son importantes para las empresas, sino también para los colaboradores, que siempre deben ser vistos como personas, ya que cuando se integran y aplican estos valores tanto en la empresa como en la vida cotidiana, podemos ser mejores ciudadanos y contribuir a construir una sociedad más justa y equitativa.

En resumen, los valores organizacionales son un elemento clave para el éxito de las empresas y el bienestar de las personas. Al final, más allá de compartir esta perspectiva de experiencias laborales, este libro resulta una reflexión sobre la importancia de estos valores en el desarrollo de las empresas y el fortalecimiento de la cultura organizacional.

Preguntas y Acciones de Reflexión

Se encuentra disponible una versión digital del Libro de Trabajo de los **Valores Organizacionales, Una Perspectiva de Experiencias Laborales** para descargar y realizar las **preguntas y acciones de reflexión** de cada uno de los capítulos de este libro.

Te invito a solicitar una copia de este Libro de Trabajo a través del correo electrónico <u>trainergy.mx@gmail.com</u> con el asunto:

Libro de Trabajo: Valores Organizacionales.

Referencias Bibliográficas

Ackoff, R. L. (1994). *Un concepto de planeación de empresas*. Editorial Limusa S.A. De C.V.

Allen, D. (2016). *Sé más eficaz*. Booket Paidós.

Alvarez Torres, M. (2022). *Manual Para Elaborar Manuales de Políticas y Procedimientos*. Panorama Editorial.

Ander-Egg, E. (2001). *El trabajo en equipo*. Editorial Progreso.

Ayub, A. E. (2021). *El negociador: Consejos para triunfar en la vida y en los negocios*. Grijalbo.

Borghino, M. (2007). *El arte de dirigirse y dirigir: Construya el liderazgo en su interior*. Debolsillo.

Clifton, J., Harter, J. (2019). *It´s The Manager*. Gallup Press.

Connellan, T. (2004). *Las 7 Claves del éxito de Disney*. Panorama Editorial.

Cope, A. (2016). *El pequeño libro de la inteligencia emocional: cómo brillar en un mundo negativo*. Ediciones B Mexico, S.A., de C.V.

Covey, S. R. (2014). *Los 7 hábitos de la gente altamente efectiva*. Ediciones Culturales Paidós.

Coyle, D. (2021). *El Código de la Cultura: El Secreto de Los Equipos Más Exitosos del Mundo*. Penguin Random House Grupo Editorial.

Drucker, P. F. (2007). *El Ejecutivo Eficaz*. Debolsillo.

Forbes (2011). *Aprender de los errores. Aceptar las fallas y saber cambiar*. Colección Grandes Lecciones de Negocios. Forbes LLC.

Garimella, K., Lees, M., Williams, B. (2008). *Introducción a BPM para dummies*. Wiley Publishing Inc.

Gelinier, O. (1998). *Ética de los negocios.* Limusa.

Guiñazú, G., (2004). *Capacitación efectiva en la empresa.* Invenio, 7(12), 103-116.

Harvard Business Review América Latina (2011). *La gestión y la administración para el mañana, 10 artículos de HBR que "deben leerse".* Harvard Business School.

Katzenbach, J. R. (2000). *El Trabajo en equipo. Ventajas y Dificultades.* Ediciones Granica.

Klaric, J. (2016). *Véndele a la mente, no a la gente.* Ediciones Culturales Paidós.

Maxwell, J. C. (2007). *Las 21 Leyes Irrefutables del Liderazgo: Siga estas leyes, y la gente lo seguirá a usted.* Grupo Nelson.

Maxwell, J. C., Castro, R. de, & Nelson, G. (2015). *El Lado Positivo del Fracaso. Como Convertir Los Errores en Puentes Hacia el Éxito.* Grupo Nelson.

Orridge, M. (2001). *Cómo conducir la capacitación.* Panorama.

Ovans, A. (2015). *How Emotional Intelligence Became a Key Leadership Skill.* [online] Harvard Business Review. Disponible en: https://hbr.org/2015/04/how-emotional-intelligence-became-a-key-leadership-skill [Consultado el 6 de enero del 2023],

País, E. (2009). *Cómo se fabrica un "Best Seller".* [*online*] *El país.* Disponible en: http://elpais.com/diario/2009/04/26/eps/1240727209_850215.html [Consultado el 5 de septiembre, 2022].

Project Management Institute (2021). *Beyond Agility: Flex to the Future.* Pulse of the Profession, https://www.pmi.org/learning/library/beyond-agility-gymnastic-enterprises-12973, [Consultado el 24 de octubre del 2022].

Ruiz, C (2019). *El quehacer del director. Reflexiones sobre la dirección estratégica de organizaciones.* IPADE Publishing. Editorial Océano.

Sloane, P. (2017). *The leader's guide to lateral thinking skills: Unlock the creativity and innovation in you and your team* (3a ed.). Kogan Page.

Welch, J. (2005). *Winning [ganar]*. Vergara.

Referencias Digitales

Notas del Autor

- https://www.zendesk.com.mx/blog/valores-de-una-empresa/ [Consultado el 28 de octubre de 2022]
- www.shivarajgopal.com

Capítulo 1. Origen, Vocación y Destino

- https://youtu.be/0ojbW-mtftA
- https://youtu.be/k5X4rdTqHms Entrevista a Steve Jobs - Perseverancia

Capítulo 2. Perseverancia y Determinación

- https://www.youtube.com/watch?v=PdojOYEVmEU [El fundador. El secreto para construir un imperio: "persistencia y determinación"]
- https://www.youtube.com/watch?v=88GDfphANGo [Cuando Te Digan "Tu No Puedes" Mira Este Video]
- https://www.youtube.com/watch?v=Quqcq5HGUDA [PERSEVERANCIA, LA CLAVE DEL EXITO]
- https://emprendedoresnews.com/emprendedores/angry-birds-el-exito-sustentado-en-51-fracasos.html

Capítulo 3. El Primer Empleo Formal

- https://www.universia.net/es/actualidad/empleo/que-edad-se-encuentra-primer-empleo-media-espana-1159145.html
- https://expansion.mx/mi-carrera/2011/03/25/primer-trabajo-a-los-20-o-antes

Capítulo 4. La Preparación Ante los Retos

- https://www.mckinsey.com/~/media/BAB489A30B724BECB5DEDC41E9BB9FAC.ashx
- https://www.iebschool.com/blog/que-son-upskilling-y-reskilling-guia-para-prepararse-para-el-futuro-digital-business/
- https://www.michaelpage.es/advice/empresas/desarrollo-profesional-y-retenci%C3%B3n-de-talento/upskilling-reskilling-%C2%BFc%C3%B3mo-aplicarlo [Consultado 7 de noviembre 2022]
- https://www.bbva.com/es/reskilling-y-upskilling-renovarse-en-tiempos-de-incertidumbre/ [Consultado el 7 de noviembre el 2022]
- https://www.mckinsey.com/~/media/McKinsey/Industries/Public%20and%20Social%20Sector/Our%20Insights/What%20the%20future%20of%20work%20will%20mean%20for%20jobs%20skills%20and%20wages/MGI-Jobs-Lost-Jobs-Gained-Executive-summary-December-6-2017.pdf [Consultado el 7 de noviembre el 2022]

Capítulo 5. Paradigmas Laborales

- https://ve.scielo.org/scielo.php?script=sci_arttext&pid=S1316-00872005000100002
- https://www.youtube.com/watch?v=OCHDYGBlsJk Cómo nace un paradigma
- https://www.youtube.com/watch?v=ecY9NQNPBDE Paradigma de los monos
- https://www.franklincovey.es/los-7-habitos-de-las-personas-altamente-efectivas/

Capítulo 6. Inteligencia Emocional: Elemento Clave del Liderazgo

- https://www.observatoriorh.com/opinion/por-que-la-inteligencia-emocional-es-el-mejor-predictor-del-exito.html
- http://reme.uji.es/articulos/numero22/article6/texto.html
- https://mexico.unir.net/educacion/noticias/howard-gardner-inteligencias-multiples-creatividad/
- https://www.oxfordlearnersdictionaries.com/us/

Capítulo 7. El Valor del Fracaso en los Proyectos

- https://www.pmi.org/learning/library/beyond-agility-gymnastic-enterprises-12973

Capítulo 8. Servicio al Cliente "Con Mucho Gusto"

- https://www.esic.edu/rethink/comercial-y-ventas/atencion-y-servicio-al-cliente-diferencias
- https://www.hoory.com/blog/history-of-customer-service
- https://www.abetteranswer.com/blog/what-is-customer-service-a-look-at-its-history-future
- https://www.questionpro.com/blog/es/como-medir-la-satisfaccion-del-cliente-segun-iso-9001

Capítulo 9. Los Valores en los Equipos de Trabajo

- https://www.pwc.com/gx/en/services/people-organisation/workforce-of-the-future/workforce-of-the-future-the-competing-forces-shaping-2030-pwc.pdf
- Si le interesa más detalle al lector sobre el estudio de "*Workforce of the future. The competing forces shaping 2030*" de PwC puede consultarlo en el siguiente código QR:

- *https://www.gallup.com/topic/values.aspx*
- *https://www.gallup.com/workplace/406418/company-values-words.aspx*
- *https://www.gallup.com/workplace/243434/time-core-values-audit.aspx*

- *https://www.mckinsey.com/capabilities/people-and-organizational-performance/our-insights/human-capital-at-work-the-value-of-experience*
- *https://www.gartner.com/en/articles/employees-seek-personal-value-and-purpose-at-work-be-prepared-to-deliver*
- *https://www.ncbi.nlm.nih.gov/pmc/articles/PMC6482311/*

Capítulo 10. El Poder de la Documentación

- https://linktr.ee/rafaelcortesmx
- https://www.bptrends.com/bpt/wp-content/uploads/2015-BPT-Survey-Report.pdf

- En el siguiente código QR el lector podrá encontrar el artículo original publicado en 2017 en la revista CalzaVance con el resultado del estudio aplicado por Trainergy.

Testimonios de Lectores

"Disfruté mucho de este libro de fácil "digestión", donde se narra de manera cándida experiencias con las que todos podemos identificarnos, evocando a la memoria de nuestras trayectorias profesionales, con apuntes valiosos para reconocer los valores que llevamos dentro y nos anima a compartirlos, para el crecimiento armonioso de nuestros equipos."

- Mariana Ruiz
Director Cloud & Digital
CDMX, México

"Este es un trabajo en donde una vivencia personal sirve de ejemplo multiplicativo para un aprendizaje organizacional. Es un testimonio que permite al lector empatizar fácilmente con sus puntos de vista. Es un trabajo elegante ya que de manera directa y sin rebuscamientos nos permite ser testigos de una vida profesional que a muchos nos servirá como ejemplo. Gracias Rafael por ponerlo en tinta."

- Gerardo Fournier
Senior Manager Human Relations, BBU
Naperville, IL, Estados Unidos

"En una época donde la diferenciación de las organizaciones es fundamental, este libro te describirá pilares fundamentales que se traducen en prácticas concretas que llevan al éxito empresarial."

- Fernando Reyes
Psicólogo Organizacional, Habilidades Plus
Navojoa, México

"Un libro que capítulo a capítulo aporta valor, claramente puedes identificar tus vivencias laborales con lo que el autor describe, sin duda es una herramienta que se puede consultar en el día a día, seguramente te ayudará a comprender tu entorno laboral, a replantear tus objetivos organizacionales y porque no, te ayudará a romper paradigmas."

- Gabo
Asesor de Riesgos, Agentes Pineda
León, México

"Te felicito por presentar una lectura muy clara y concisa sobre los valores organizacionales, la cual además de amena y atractiva para el lector, permiten identificar y resaltar de inicio los grandes valores familiares que tuviste en casa y que sin duda alguna trazan el devenir de las personas en su transcurso por la vida y los roles que desarrolla.

Creo que la gran valía del documento se encuentra fundamentalmente en que expones y asientas mucho de lo que has experimentado en el campo de batalla, por lo que la considero una guía que vincula muy bien la teoría y la práctica para cimentar los valores organizacionales que son fundamentales para el desarrollo y consolidación de las organizaciones, no solo comerciales e industriales, sino de todo tipo."

- Martín Ochoa Zavala
Director de Recursos Financieros, Servicios de Salud de Sonora
Hermosillo, México

"El libro de Valores Organizacionales es un libro de fácil y agradable lectura dónde va tocando temas fundamentales en las organizaciones vistas a través de la vivencia y descubrimientos propios del autor, lo que le da una característica de una visión más sencilla y humana. Nos muestra de manera autobiográfica escenarios reales en las organizaciones dónde podemos ver muy claramente los puntos principales de los valores organizacionales, lo que lo hacen también un libro de consulta cuando quieres tener una rápida y clara idea de qué es lo más importante.

Recomiendo este libro y estoy segura te recordará tu propio camino de aprendizaje y cómo cada experiencia vivida es un escalón a tu propio éxito personal y laboral."

- Rocío Ramírez C.
 Consultor organizacional, Rocío Ramírez Consultora
 León, México

"Este es sin duda un libro muy interesante, en el que el autor aporta en gran medida experiencias laborales en distintas áreas de diversas industrias.

Nos lleva de la mano y de una forma coloquial y amena por gratas y no tan gratas experiencias vividas, en las que gracias al conocimiento de los Valores Organizacionales se logran enfrentar y resolver distintas situaciones, desde su perspectiva.

Es un libro que apuntala la importancia que tiene la documentación de los procesos en las empresas y aporta un excelente manifiesto que se puede usar y recomendar a los empresarios o directores de las mismas para poder resguardar su información en los manuales de políticas y procedimientos, lo que sin duda es uno de los activos más importantes de las organizaciones, ya que de ello dependerá su constante supervisión, mejora, crecimiento y desarrollo.

Felicito al autor, por animarse a compartir sus valiosas experiencias, pues son un tesoro que vale la pena divulgar."

- Lic. Elva Inés Ochoa Z.
 Emprendedora, Santa Inés de mis Sabores
 León, México

"Disfruté mucho leyendo el libro de Rafael Cortés "Valores Organizacionales, Una Perspectiva de Experiencias Laborales", me llevó a recordar el inicio de mi propia carrera profesional, me identifiqué con varios de los retos que el autor comparte y a la vez me sirvió para documentarme de manera muy puntual acerca de los temas que se tocan.

Lo más importante de todo es que pude entender la relevancia de los valores en la cultura organizacional y ahora tengo una idea mucho más clara de cómo aplicarlos tanto en mi entorno laboral, como con equipos remotos con los que colaboro.

Lo recomiendo ampliamente para quien requiera documentarse sobre el tema e incorporar valores como ejes rectores en su organización."

- Martha Pineda
Consultora en Marketing, Intramarketing
Tijuana, México

"Un libro muy personal, respaldado por una vida dedicada al profesionalismo como al desarrollo organizacional, nos lleva de la mano por el camino recorrido por el autor para que podamos comprender su viaje. Este viaje nos lleva a una visión bastante familiar de una cultura organizacional utópica.

El autor comparte sus desafíos como las oportunidades que encontró en cada entorno y nos brinda su experiencia para darnos consejos prácticos de cómo crear y mantener una cultura organizacional sostenible."

- Yamil Bisher
Gerente de Sustentabilidad y Proyectos, Alere Energy
Navojoa, México

Estoy profundamente agradecido por tu participación y lectura de mi primer libro **"Valores Organizacionales. Una Perspectiva de Experiencias Laborales"**.

Me daría mucho gusto contar con tu testimonio personal e impresiones del libro con el objetivo de complementar este proyecto.

Agradezco con antelación tu participación, cada aportación es muy valiosa: http://bit.ly/3lbDXBx